澳門人的

口袋地圖

超級旅行貓（梁詠怡）◎文
超級旅行狗（梁匡民）◎攝影

澳門地方雖小，卻精采豐富，
每個人都能找到屬於自己的玩法！

目錄
Contents

Part 1
關於澳門，我想告訴你一些故事

Part 2
澳門漫遊：街道探索

推薦序　蓮花涵海鏡，峰景接蓬瀛

　　素有「鏡海」（註）雅譽的澳門，小而雅致，幾百年間經歷了不少風風雨雨，但這些磨礪卻也為它本身帶來了獨一無二的中西融合風味。澳門有著殖民統治時期遺留下來的特色建築，獨特的文化氛圍往往能夠讓遊人驚嘆，對於這個小而精緻的地域，很多人提到嘴邊似乎感覺很熟悉，卻往往說不出個所以然來。人們對它的印象很籠統，無非這幾樣：聖母堂、度假村、賭場。市面上的一些遊覽指南也很浮泛，總是景點的堆砌，毫無個人見解和新意，這也讓旅人遺憾，不能真正領略澳門的風姿。

　　沒有被快速交替的圖書市場影響，旅行貓用她敏銳的旅行者嗅覺為讀者描繪了一個不一樣的澳門。在這本書裡，你能在澳門歷史中體會不一樣的人文風情，窺見一些不為人知的時光故事；你能在眾多的景點裡看到不一樣的風景，旅行貓用她獨有的靈動字句描摹出一個個獨具靈魂的建築；日常巷弄的生活在她筆下顯得靈動活潑，你能身臨其境感受人間煙火的妙意；各式各樣別具風味的行程安排，更是讓你看得深切，而對澳門有了截然不同的感知。

　　作為一位有獨立思想的女性，旅行貓的文字十分獨到且風趣，生活和旅行在她筆下完美融合，同時又不乏專業水準。她的文字質樸清秀，沒有浮誇的辭藻大肆渲染，從澳門歷史講到街頭巷尾的生活日常，從主題行程講到各種離島旅行，在字裡行間以最真摯的、她對於澳門獨有的體會，為讀者描摹出一個真實而有溫度的城市。你能在這本書裡發現很多其他旅遊指南上看不到的東西，也會看到更多不同於網絡上空泛的景點描述性內容。這是旅行貓以自身經歷和感知用心寫成的一本書，在這個資訊爆炸的年代，旅行

貓能堅持以如此用心的文字回饋廣大讀者，是件很暖心的事。

　　帶有自身情感的文字總是能夠打動人心，旅行貓的這本書裡處處充斥著她對於澳門強烈的感情。這不僅是一本旅遊指南，更是一本具有可讀性的休閒書籍。誠摯的詞彙、在地的資訊、貼心的提示，都為你的澳門之行帶來前所未有的便捷。如果正打算前往澳門展開一趟旅程，這本書無疑是絕佳選擇，讓你對於澳門有一個最新、最全的認知。如果曾經到過澳門卻只是走馬看花，那就讓這本書帶你開啟二次之旅，抵達更加美妙且深遠的澳門之境。

註：與濠江、海鏡、梳打埠一樣，都是澳門的舊稱。

最會遊 Triploc
旅途不獨行自由行旅行 APP
聯合創始人

Tracy

推薦序　尋找賭博以外的澳門

　　澳門是一塊非常特殊的旅行地，它沒有非常知名的景點，沒有世界聞名的商圈，只有夜晚燈紅酒綠的豪華賭場可以拿出來炫耀一下。

　　但就是這麼一個小小的地方，卻可以吸引遊客一遍又一遍地前來，而且很多人並不賭錢。這是因為澳門以賭場為經濟命脈，而其他旅遊建設都是為了吸引賭場遊客的服務資源，造就了澳門各種旅遊體驗的 C/P 值非常高。只不過，因為澳門沒有刻意去宣傳這些亮點，所以如果不曾親自前往，或者沒有深入體驗，會有澳門除了賭場之外，沒啥可玩的感覺。

　　也就是說，去澳門旅遊，你首先要把自己腦子裡根深蒂固的「賭博」二字去掉，然後慢慢尋找適合自己胃口的體驗，你會發現：哇，原來澳門有這麼多值得去、值得玩的事物！即使是澳門的賭場，也藏著很多高水準的演出和娛樂設施，只不過你不知道而已。

　　本書的作者超級旅行貓久居澳門，對當地非常熟悉，而且擅長以遊客的角度介紹旅行者最感興趣的內容，她也是中國著名旅遊機構——攜程旅行 APP 出品的攜程口袋攻略中，澳門攻略的特邀專家作者，在其中貢獻的澳門旅遊資訊深受旅行者歡迎。不僅如此，熱愛旅行的她，同時作為特邀作者，為攜程口袋攻略中的瑞士、希臘、新加坡、北海道、臺灣等多地貢獻了自己獨有的寶貴旅遊經驗。

　　本書沒有按照攻略書常見的標準邏輯來構建目錄，而是以一種輕鬆悠閒的形式帶領讀者，尤其是大量的主題行程，即充分考慮到了不同愛好人群可能感興趣的點，也讓去過的人即使再去依然可以找到不同的旅行體驗。雖然不是常見攻略類圖書的索引形式，

但這種目錄索引非常適合澳門這個旅行地，讓讀者無需翻看整本書，可以快速定位到自己感興趣的體驗。

　　內容上，延續了作者一貫的簡單實用風格，內容排版完全按旅行者的實際使用邏輯，且文筆不失風趣，其中很多體驗和推薦都是獨家的內容，即使是我這種去過澳門多次的老手，看了也會有想再去一次的衝動。作者的文字功力和對澳門旅遊的理解，可說都十分到位。

　　綜合來看，本書是一本既有深度，又不枯燥的澳門旅遊攻略書，你既可以在有計畫前往澳門旅遊前拿來參考做功課，又可以在旅行途中從裡面找到一些奇特冷門的旅遊體驗，即使你暫時沒有去澳門的打算，本書也可以作為一本旅遊小品來閱讀。

禪遊記攻略總監、
攜程口袋攻略總編

徐威
（暱稱：歪脖）

作者序　　包羅萬像的澳門，定會令你深深愛上！

　　這已是第二次編寫關於澳門的旅遊書了，有些人或許不禁會問：澳門這個彈丸之地，真有這麼多值得寫的地方嗎？我可以肯定地回答你：當然有！而且可以介紹的還不少呢！很多人都認為澳門不是賭，就是賭。去澳門旅行，朋友或許會問：是要去賭嗎？其實澳門又何止賭博那麼簡單呢？

　　如果喜歡歷史古蹟，你一定會喜歡澳門！澳門是個歷史悠久的小城市，保留著不少很有歷史價值的古蹟，在 2005 年還成功申請成為「世界文化遺產」！更棒的是，在很多地方，參觀世遺都要付費，但澳門的世遺全供免費參觀！可以不用付一毛錢，就能玩遍 22 座被列入世遺的建築，還有什麼會比這更划算？

　　如果喜歡文化，你一定會喜歡澳門！多年來受葡國和中國的文化影響，造就了澳門獨特的文化環境，在不少建築物、食物，甚至連街道名字，都可以看到中西文化交融的特色。在這條街道走著，你會感覺到濃厚的中國風情，但轉了個街角，又會覺得如同置身在南歐國家一樣！在這裡，不論是中國人或葡國人，不管是天主教還是佛教，都可以和平共存，交織出現今澳門獨特的城市風貌。

　　如果喜歡美食，你一定會喜歡澳門！這裡有來自各個國家，充滿各種不同風味的料理——廣東的、上海的、四川的、葡國的、日本的、義大利的、西班牙、墨西哥的、阿根廷的，數之不盡！有價錢親民的平民小吃，也有豪華的米其林餐廳。隨意一些的可以盡情掃街，悠閒一點的可以到舒服的餐廳用餐，各式各樣，任君選擇，品嘗美食已成了不少遊客來澳門的最大目的之一！

如果喜歡玩樂，你一定會喜歡澳門！這裡有五光十色的酒店、賭場，為大家提供源源不絕的精采節目。預算有限的可以觀看免費好秀，預算充裕的可以去觀賞大型表演。想試試運氣的可以小賭怡情，不想賭博的也可以感受一下豪華酒店的繽紛璀璨。酒店的活動豐富多樣，不論大人小孩，都能找到喜歡的節目！

如果喜歡購物，你一定會喜歡澳門！這裡雖然只有少數大型百貨公司，但卻有多個特色購物區和市集，而且物價比香港便宜，貨品種類多元，店鋪也時常推出優惠，很多時候都能以好康的價錢買到心頭好。血拼一族來到澳門，一定可以瘋狂掃貨一番！

看到這裡，是否覺得澳門十分吸引人，有沒有開始心動了呢？只要跟著這本書去探索，就能找到更多從前不為所知的澳門特色。只要參考一下書裡的行程規劃和相關資料，就能安排有趣精采又與眾不同的澳門之旅！

超級旅行貓
（梁詠怡）

超級旅行狗
（梁匡民）

Judy Leong

Leung

Part

1

關於澳門，
我想告訴你一些故事

生活在澳門

澳門和香港雖然只是一海之隔，但兩地卻有截然不同的文化，生活態度和步伐也相差甚遠。有些人覺得澳門人比較悠閒且樂天知命，他們滿足於現狀，喜歡較輕鬆的生活，不太追求名利；也有些人認為澳門人比較怕事被動，而且性格溫和，不會有太激烈的舉動；更有些人以為澳門人都很喜歡賭博。到底澳門人的生活是如何？澳門人是否真如一般人所想像的那樣呢？

 ## 一般人眼中的澳門

很多人都覺得澳門是個以賭博為主的城市，有些人甚至認為，除了賭之外，澳門就沒有什麼吸引人之處。可是，來過澳門旅遊的人都會發現，真正的澳門其實很多姿多采，這裡有保存得很好的歷史古蹟、有美麗優雅的廣場和建築、有許多豪華璀璨的大酒店，還有多項如大賽車、美食節等熱鬧盛事，澳門又豈是只有賭場那麼簡單而已？

 ## 澳門人的生活

在賭權未開放前，澳門人的生活大多比較樸實，不但娛樂設施不多，就連百貨公司也只有一家，跟香港的花花世界完全不同！雖然沒有五花八門的娛樂，生活看似十分苦悶，但澳門人都不太在意，平日朝九晚五，踏踏實實地工作過後，在週末假日和家人到公園或沙灘玩玩，已是澳門家庭最好的休閒活動。和一般人的想像不同，閒暇時澳門人很少進賭場，參與賭博的大多是外地遊客。大部分澳門人都安於平淡的生活，甚少有贏大錢一朝發達的念頭。

但在賭權開放後，經濟急速發展，娛樂設施越來越多，人們對享受的要求也越來越高，生活亦漸漸物質化，去賭場的，追求買名牌的，到豪華酒店吃大餐的人都變多了。從前純樸的澳門突然變得五光十色，甚至有人覺得，澳門人開始變得功利，不再像從前那麼樸實可愛！

雖然物質上看似豐富了，再加上政府每年都會有現金分享計畫（即是補貼當地居民），很多大型公共建設也陸續落成，從表面看來，澳門真的越來越繁榮了，可是很多人的生活也沒獲得改善，房價越來越高，交通越來越壅塞，使得澳門人越來越不快樂。很多人辛辛苦苦工作了

幾十年，都買不起房子，不僅上不了樓，連公車也擠不上去，但澳門人改變不了現實，只好無奈接受。

然而，不變的是澳門人的生活步伐。香港遊客來到這裡一定會很不習慣——這些人，怎會走得這麼慢呀？的確！澳門人的生活節奏並不算快，走路的步伐比香港人慢得多。也許是受葡國人的南歐風情影響吧！這裡的人就是喜歡悠閒一點。放慢腳步，好好享受生活也不錯呀！

 ## 澳門人的真性情

對比很多地方，澳門人的確是比較沉默，遇到社會不公，除了少部分人會出來發聲之外，很多人都選擇沉默。這也造成了外地人認為澳門人太壓抑、太被動的印象。

不過，澳門人也有正面的形象——親切、友善、不擺架子、人情味濃，在街上向澳門人問路，大多數人都會樂於伸出援手（但不懂得普通話的，實在就愛莫難助了）。澳門人待人處事也較為隨和，面對惡劣的情況，容忍度高，所以很多遊客來到澳門都留下不錯的印象。

看到這裡，大家對澳門和澳門人的印象有沒有改變呢？只要繼續將本書閱讀下去，就會發現更多澳門鮮為人知的一面喔！

初識澳門

 澳門歷史事件簿

葡國人占領澳門

　　澳門成為葡國的殖民地前，這裡已有漁民和村民居住。15～16世紀的大航海時代，葡國人在大約1553年來到澳門，起初以遇上風暴，需要地方曬晾貨物為理由登陸，之後便沒有離開，1554年明朝政府允許葡國在澳門進行貿易。澳門一直被荷蘭虎視眈眈，1622年葡國擊退了入侵的荷蘭人。到1623年，第一任澳督就職，主要負責澳門的防守。直至清朝，葡國人對澳門的影響力越來越大，1846年開始實施一連串的殖民統治，並分別在1851及1864年占領了冰仔和路環，之後澳門一直都是葡國的殖民地，直至1987年《中葡聯合聲明》訂立，中葡雙方同意於1999年將澳門回歸中國管轄。

一二三事件

　　在葡國統治期間，澳門曾發生著名的「一二三事件」。在文化大革命時期，因為葡國人在澳門盡享優待，對華人甚不公平，於是民怨四起。在1966年，冰仔坊眾學校未獲政府批准，搭起了棚架進行擴建而激怒政府，而當時的居民又認為政府處理此事手法不妥，於是雙方在12月3日發生了衝突。多名示威者在澳督府前集結，政府嘗試驅趕，卻激起了更多的民憤，示威者也越來越多，衝突隨之越演越烈，議事亭前地的美利基打像也遭毀壞，政府於是實施了戒嚴，卻因為推動操之過急，許多居民在不知情下被殺。中國政府進而提出交涉，嚴正要求葡國政府道歉及懲治肇事者，最後葡方同意道歉。歷史上稱為「一二三事件」，也是澳門最重要的歷史事件之一。

回歸中國

　　1999年12月20日，根據《中葡聯合聲明》，在這天澳門的主權正式回歸中國，實施「一國兩制」，並由行政長官按照「基本法」在澳門實行高度自治，承諾澳門的資本主義制度和生活方式將會「五十年不變」。

申請世遺成功

在葡國統治時期，澳門已開始了申請世界文化遺產的工作，但遇到不少阻力，直至後來回歸中國後，獲中國政府的大力支持，計畫把由 22 座建築組成的「澳門歷史城區」提出申請，並成為在 2005 年中國唯一申報世遺的項目。在第 29 屆聯合國教科文組織的 2005 年 7 月 15 日世界遺產委員會會議上，澳門終於申請成功，「澳門歷史城區」成為世界文化遺產，開創了澳門光輝的一頁。

賭權開放

一直以來，澳門的賭場都是由澳門旅遊娛樂公司經營，自到 2002 年，特區政府不再發出博彩業專營權，改為由三間公司——澳門博彩股份有限公司、永利度假村（澳門）股份有限公司（簡稱：永利）和銀河娛樂場股份有限公司（已被收購，現屬銀河娛樂集團有限公司名下）經營賭場。自賭權開放後，澳門的娛樂場遍地開花，競爭激烈，也為澳門政府帶來很可觀的稅收，博彩業亦成為澳門的龍頭行業。

 ## 澳門的行政區

澳門由三個部分組成——澳門半島、氹仔和路環，其中市中心位在澳門半島，兩離島氹仔和路環則是最新發展區域。澳門的行政區以每區最具代表性的教堂劃分為堂區，目前澳門半島有五個堂區為花地瑪堂區、花王堂區（聖安多尼堂

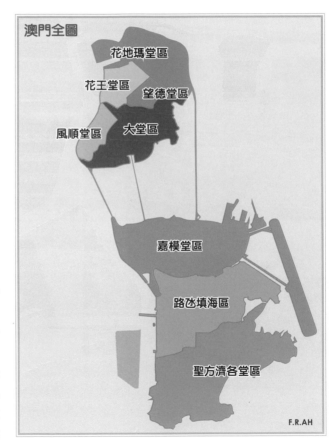

澳門全圖

花地瑪堂區
花王堂區
望德堂區
風順堂區
大堂區
嘉模堂區
路氹填海區
聖方濟各堂區

F.R.AH

區）、大堂區、望德堂區、風順堂區，氹仔有嘉模堂區，以及路環的聖方濟各堂區。這種分區方式並非最常用的一種，一般都是政府使用，用來進行人口普查，或是立法會選舉投票的分區等。澳門居民則較喜歡以建築物、建築特色、人口分布狀況等來分區。

 交通系統

澳門並沒有地鐵，輕軌則正在興建中，將來會投入使用，因此目前公共交通以公車和計程車為主。公車由三間公司經營——新福利（車身為黃藍色）、澳巴（車身為紅白色）及新時代（車身為綠色），還有各大酒店的免費接駁巴士連接各大口岸和酒店。使用澳門通（類似臺灣的悠遊卡、香港的八達通）乘坐公車可享有折扣及免費轉乘優惠。在 7-11 便利店、OK 便利店、澳門通分行有售，可於 7-11 便利店、OK 便利店、新苗超市、宏基超市、停車場、澳門通分行等地方加值。

1 2
3 4

1 新福利的公車　　2 澳巴的公車
3 新時代的公車　　4 澳門通

氣候、服裝與旅遊細節

　　澳門屬於亞熱帶地區，天氣較熱，溼度較高。春季在 3 ～ 4 月之間，時間較短；夏季從 5 月開始，直至 9 月上旬天氣都酷熱，平均溫度有 30℃以上，也是颱風季節和雨季；秋季由 9 月中旬至 10 月左右，天氣涼爽宜人；冬季由 11 月至隔年 2 月左右，溫度平均在 10℃以上，從不下雪。概括而言，以 9 月中旬至 10 月為最適合旅遊的季節。

　　衣服方面，夏季以清爽為主，冬季可配備毛衣和薄羽絨。由於很多景點都是徒步前往，因此衣物以輕便為住。

 ## 貨幣

　　主要使用澳門幣，港幣和人民幣在某些店鋪也通用，但很多店鋪都不會「補水」（即補回貨幣之間的差額）。

 ## 語言

　　廣東話是主要語言，部分居民也懂英語和普通話，而懂葡語的澳門人則較少。

 ## 治安

　　澳門的治安普遍良好，但在一些旅遊熱門區如議事亭前地一帶，還有在公車上或公車站扒手較多，必須格外留意。

 ## 上網

　　可以在口岸自動販賣機購買 BEST 或和記的上網及電話卡，在公園等地點亦有免費的 WiFi Go 服務。

 ## 電力

　　澳門的電器為 220 伏特，使用三腳插頭。

澳門的插頭

節日

澳門的節日以中國及本土節日為主，也包括不同宗教的節日。在重大節日，如農曆新年、回歸紀念日等，很多店家和餐廳都會休息，繼續營業的餐廳也會加收服務費用。各節日的日期如下：

節日	日期
元旦	1 月 1 日
農曆新年	農曆初一至初三
復活節	按猶太曆法計算，每年皆不同，通常是 3 月及 4 月的其中一個週五至週日。
清明節	4 月 5 日
佛誕	農曆四月初八
勞動節	5 月 1 日
端午節	農曆五月初五
中秋節翌日	農曆八月十六
中華人民共和國國慶	10 月 1 日
重陽節	農曆九月初九
追思節	11 月 2 日
聖母無原罪瞻禮	12 月 8 日
回歸紀念日	12 月 20 日
聖誕節	12 月 24-26 日

 四季活動

澳門的四季活動非常多元化，在每個季節都有不同的精采節目，無論在哪個季節來此都是那麼多姿多采！

春季活動

日期	節日	活動
農曆初一至初三	農曆新年	1. 大約於除夕前幾天在塔石廣場舉行花市。 2. 於年初一會在議事亭前地舉行財神及十二生肖賀歲表演。 3. 於年初三在南灣及西灣湖一帶舉行花車巡遊。 4. 於年初一凌晨至初五分別在旅遊塔對面及氹仔設立炮竹燃放區。
3 月或 4 月	復活節	聖奧斯定教堂會舉行苦難耶穌聖像出遊。
3 月至 5 月	藝術節	在文化中心等地舉行澳門藝術節多項藝術表演。
農曆四月初八	佛誕節	在營地街市及三街會館舉行醉龍表演，路環市區則有飄色巡遊。

夏季活動

日期	節日	活動
5 月 1 日	勞動節	於黑沙海灘舉行沙灘同樂日。
5 月 13 日	花地瑪聖母日	玫瑰堂將會舉行花地瑪聖母像出遊。
農曆五月初五	端午節	在西灣湖將會上演龍舟大賽。

秋季活動

日期	節日	活動
農曆八月十五	中秋節	在盧廉若公園、花城公園等舉辦「月滿照濠江」賞月活動。
9 月中旬至 10 月上旬	澳門國際煙火滙演	在西灣湖廣場舉行國際煙火比賽。
11 月中旬	美食節	在西灣湖廣場舉行美食節。
11 月中旬	大賽車	在東望洋跑道舉行格蘭披治大賽車。

冬季活動

日期	節日	活動
12 月 20 日	回歸紀念日	在金蓮花廣場舉行升旗儀式。
12 月	拉丁城區幻彩 大巡遊	以大三巴牌坊為起點，塔石廣場為終點，拉丁城區幻彩大巡遊由多支澳門本地及各國表演隊伍參加。
12 月 24 日	聖誕節	在議事亭前地舉行聖誕歌曲表演，在主教座堂舉行子夜彌撒，並有報佳音等活動。
12 月 31 日	除夕	在西灣湖廣場舉行大型倒數晚會。

Part 2

澳門漫遊：街道探索

大三巴區

　　大三巴區指大三巴牌坊至新馬路議事亭前地一帶，包含了多個世界文化遺產景點，是澳門旅遊景點的集中地，也是商店和餐廳林立，全澳門最熱鬧的地方。如果在澳門的逗留時間有限，很建議先規劃時間遊覽這個區域。可以從議事亭前地出發，經過玫瑰堂、盧家大屋、主教座堂、大三巴牌坊、戀愛巷、哪吒廟，以澳門博物館、大炮臺為終點，大概需要一個上午或下午的時間。

必要一遊的澳門標誌
大三巴牌坊

　　如果提起澳門最具代表性的建築物，相信不少人第一時間會想到大三巴牌坊吧！的確，沒遊覽過大三巴牌坊，就如同沒有來過澳門一樣。它是澳門八景之一，也是被列入世界文化遺產的歷史城區其中一座主要建築。提起牌坊，大家都會聯想到中式牌樓，可是澳門的大三巴牌坊，前身原來是一座教堂呢！

　　大三巴牌坊是聖保祿大教堂的遺址，葡文為 *Ruínas da Antiga Catedral de São Paulo*，由於 *São Paulo* 的發音與「三巴」相近，又稱為「三巴」，而「大」則是指最大的教堂。它在 1580 年建成，屬於與澳門甚有淵源的耶穌會所擁有，後來葡萄牙政府沒收了耶穌會的財產，這座教堂也被用作軍營和軍官宿舍。1835 年，教堂不幸遭逢火災，燒毀了大部分建築，只剩下教堂的前壁，因為它的外型跟中式牌坊十分相似，所以得到了大三巴牌坊這個名稱。2005 年，作為歷史城區的一部分，牌坊被列為世界文化遺產。直至今日，它仍是澳門最重要的地標建築。

　　大三巴牌坊擁有很獨特的建築風格，以矯飾主義為主，並且結合了文藝復興和東方設計風格，可說是中西文化融合的產物。用麻石建造的前壁可以分為五層：

- 第一層，這是最高的一層，頂部有一個顯眼的十字架。主要圖案是一個三角形山花，並有象徵聖神的銅鴿作為裝飾，而左右兩面是日月星辰。
- 第二層以小耶穌為主角，包圍著十字架，四條壁柱之間點綴著美麗的天使浮雕。
- 第三層以充滿歡樂的聖母蒙召升天作為主題，並裝飾著漂亮的花朵圖紋，牡丹代表中國，莫邪菊則代表葡國。

大三巴牌坊是澳門最具代表性的建築

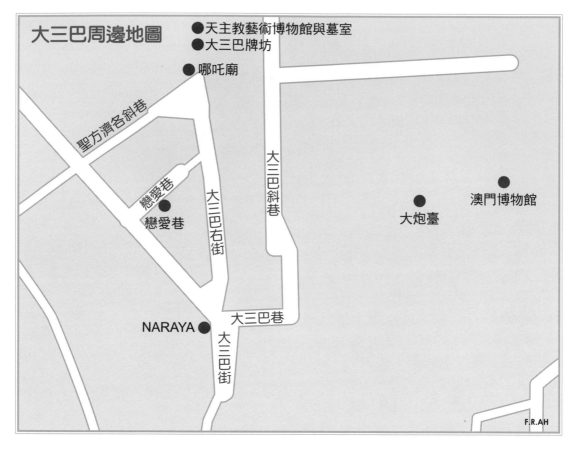

大三巴周邊地圖

- ●天主教藝術博物館與墓室
- ●大三巴牌坊
- ●哪吒廟

聖方濟各斜巷

大三巴斜巷

戀愛巷

戀愛巷

大三巴右街

澳門博物館

大炮臺

大三巴巷

NARAYA

大三巴街

F.R.AH

- · 第四層的構成跟一至三層截然不同，以三個窗戶及十支科林斯柱式構成，點綴玫瑰花和棕櫚樹圖紋。兩邊的柱間是四座耶穌會聖人的銅像。
- · 第五層是最下的一層，與第四層一樣，同樣以柱子支撐，但風格卻是愛奧尼柱式，正門上寫著「MATER DEI」，即天主之母的意思。

交　　通　乘坐 2、3、3A、3X、5、7、10、10A、11、18、21A、26A、33 號公車，新馬路／營地大街站下車；或是 3、4、6A、8A、18A、19、26A、33 號公車，新馬路站下車。

建議遊玩時間　30 分鐘

宗教瑰寶就在此處

天主教藝術博物館與墓室

很多遊客都會在大三巴牌坊前的階梯拍照留念，原來牌坊後別有洞天！

這裡原本是教堂的主祭壇位置，在大教堂遭受火災後毀於一旦，除了僅剩的前壁之外，後面的部分便用作墳地。直至 1990 年，澳門政府在這裡展開了考古工作，發現了教堂的地基，還有多件珍貴文物，為了讓民眾對澳門的宗教文化有更深認識，於是 1996 年開放為藝術博物館，展示天主教的珍貴文物。

一進入墓室裡，會立即被那一排排人骨震懾，這些都是從日本和越南運來的殉教者骸骨，堆砌起來圖案優美，一點也不陰森，反而給人安詳莊嚴之感。經過墓室後可進入藝術博物館，空間不大，但展示著多件與宗教相關的藝術品，如油畫、耶穌受難像、聖像、教堂的聖物等，其中以名為《聖彌額爾大天神》的油畫最為珍貴，它是聖保祿教堂（即大三巴牌坊的前身）唯一保存至今的油畫，具有非常重要的歷史價值呢！

博物館裡珍藏著各種天主教的藝術珍品

地　　點	大三巴牌坊後方
建議遊玩時間	30 分鐘

曾擁有重要軍事地位的炮臺

大炮臺

雖然在歷史上澳門參與的戰事並不多，但為了防禦海盜，因此也建立不少軍事要塞，現今仍可找到不少炮臺和防空洞，當中最重要的一座便是位在大三巴牌坊附近的大炮臺。

大炮臺建於 1617 年，原本作為聖保祿教堂的祭天臺，後來政府把這裡改為軍事防禦設施，共花了十年時間，完成了大炮臺堡壘，與東望洋炮臺及媽閣炮臺一起擔負保衛澳門的任務。

它又稱聖保祿炮臺、中央炮臺或大三巴炮臺，屬於中國現存最古老的西式炮臺，是非常寶貴的文物，也是被列入世界文化遺產的歷史城區的一部分。在這裡不單可以了解澳門過去的軍事狀況，更可以居高臨下，鳥瞰澳門半島美麗的景色，因此是十分受遊客歡迎的旅遊景點，非

常適合與大三巴牌坊同遊。

　　雖然位在柿山之上，但要到達大炮臺並不困難，也不用走累人的上坡路，就在大三巴牌坊對面，便可找到通往澳門博物館的手扶電梯，此手扶電梯除了週一之外，每天都免費開放。即使不參觀博物館，也可以免費利用它登上大炮臺。

　　登上大炮臺後，會看到一座外型優雅的建築物，它就是澳門博物館，這裡以前是氣象臺，直至現在，每當颱風時，颱風警告訊號（即風球）仍會在這裡懸掛。博物館外圍是美麗的花園，可以悠閒地散步其中，參觀威風凜凜的炮臺堡壘，也可以 360 度將澳門全景盡收眼底。

大炮臺的大炮在從前的防禦上擔任重要角色

地　　　點　大三巴牌坊對面，沿電梯直上

建議遊玩時間　30 分鐘

了解澳門必要到此一遊

澳門博物館

　　澳門博物館是澳門最具代表性的博物館，於 1998 年建成，面積約 2,800 平方公尺，共有三個樓層，展示了約 3,000 多件展品，以介紹澳門的歷史、日常生活、風俗習慣、經濟貿易為主，透過生動的展示，讓大眾更深入了解澳門的歷史民生。

　　一進入博物館，便會被兩旁的宗教藝術品吸引。澳門向來是中西文化交融的城市，所以在展品設計上，館方巧妙地突顯這點。一邊是東方的佛教藝術品，另一邊展示櫃裡則是天主教的文物，構成了鮮明對比，讓大家更了解這兩大宗教在澳門的發展。這一層的展品以澳門文明起源為主題，向參觀者展示了史前時代的澳門風貌，包括在黑沙出土，新石器時代的石器、陶器碎片，以及石斧等用具，還有從新石器時代開始的貿易狀況，透過各種展品描繪成一幅澳門史前文明的生動畫面。

　　了解完史前文明後，大家對澳門居民從前的生活一定很感興趣吧！ 2 樓的展示便可以讓你對這方面有更深入的了解！這裡有很多別出心裁的展品，例如傳統炮竹業、製香業的商鋪展示，最特別的是參觀者可以聆聽各種街頭小販的叫賣聲，真是生動又有趣！還有澳門居民的日常生活，像是婚禮、節日等場景展示，既有東方的文化，亦有受西方影響的風俗，充分展現澳門東

1 2 3
4

1 澳門博物館的建築物前身是澳門氣象臺
2 使用這座扶手電梯，可以輕鬆到達博物館和大炮臺
3 博物館展示了土生葡人日常用餐的美食
4 博物館裡的裝潢充滿葡國色彩

西交融的一面。

　　走過歷史後使會步入當代，在博物館的 3 樓，則可以了解澳門當代的發展概況，包括城市的發展，還有在澳門歷史上的重要事件——回歸中國，並展望將來澳門的發展。而到了這裡，澳門博物館的歷史之旅也要劃上句號了。

　　澳門博物館帶領著參觀者一起走過史前、近代和當代的澳門，參觀完畢，一定會對澳門有更深的認識和了解。

博物館裡的設計以澳門真實建築物作為藍圖

地　　　點	大三巴牌坊對面電梯直上
開放時間	10:00 ～ 18:00（最後入館時間 17:30）
休　　息	週一
費　　用	成人票 15 澳門幣，5 ～ 10 歲兒童、學生及 60 歲以上長者 8 澳門幣，5 歲以下兒童及學校團體免費，每月 15 日免費開放。
官　　網	www.macaumuseum.gov.mo
建議遊玩時間	1.5 小時

名副其實的浪漫小巷

戀愛巷

澳門的街道名稱，很多都充滿特色，這條浪漫的「戀愛巷」便是其中之一，它的名稱其實來自葡萄牙文 Travessa da Paixão，意思是迷戀和激情，原來它所指的愛情是耶穌受難，但現今大多數人都已把它視為對戀人有特別意義的小巷。

戀愛巷位在大三巴牌坊附近，經過哪吒廟後再走不久便會到達，這條巷弄小巧迷人，雖然只有短短的 50 公尺，但其美麗與浪漫卻深深吸引著每一位遊客，不少人去完大三巴牌坊遊覽後，都必到此一遊呢！這裡的其中幾座樓房，以紅色和黃色系為主，無論色調或裝飾，都十分溫柔優美，就如這條小巷的名稱一樣，充滿浪漫的感覺。這裡的古雅建築，再加上懷舊的碎石步道，使人深深感到濃厚的歐陸風情，置身其中，真有種在歐洲小巷弄間漫步的感覺呢！

這裡不單受遊客歡迎，一些電視劇和電影也曾在此取景，巷裡亦有一間展示澳門電影資料的「戀愛電影館」，更是不少新人喜愛的拍攝婚紗照勝地！

戀愛巷的建築充滿了浪漫情懷

戀愛巷曾是電影和電視劇的拍攝場景

地　　點	大三巴牌坊側
建議遊玩時間	15 分鐘

跟一般廟宇截然不同的小巧古廟

哪吒廟

在澳門，敬拜哪吒是一種重要的傳統文化，每年的哪吒誕是盛大熱鬧的節慶。澳門共有兩座哪吒廟，一間位在柿山，另一間位在大三巴的右側。一邊是天主教教堂遺跡，另一邊則是

地　　點	大三巴牌坊側
建議遊玩時間	15 分鐘

哪吒廟旁還有一道很古樸的舊城牆

中式的哪吒廟和西式的大三巴教堂遺跡互相輝映

中國廟宇，突顯了中西文化宗教共融的特質。

　　這座哪吒廟雖然面積小巧，卻是世界文化遺產之一。建於 1888 年，在光緒二十七年改建，是為了在瘟疫肆虐期間鎮邪而建。它的中間沒有天井，建築風格有別於一般中國廟宇。廟宇前面是一道舊城牆，同樣是寶貴的文物。哪吒廟適合與鄰近的大三巴牌坊和戀愛巷一起同遊。

價廉物美的蝴蝶包包

NARAYA

　　去過泰國旅行的朋友都知道，泰國有一款很著名的曼谷包，設計精美、價錢實惠，非常受遊人歡迎，去當地旅遊總要帶回一兩個。這種曼谷包色彩繽紛，以一個大大的蝴蝶結為特色，所以又稱「蝴蝶包」。現在想買這個品牌的美麗包包，澳門也有專賣店，店內包包款式眾多，很多在泰國見過的款式都有，而且價錢不貴，來澳門血拼時千萬不要錯過！

泰國的蝴蝶包，在大三巴附近也能買到

地　　址	大三巴街 28C 號恒輝大廈（第一座）地下	營業時間	11:00 ～ 23:00
交　　通	從大三巴牌坊步行約 1 分鐘	官　　網	www.naraya.com

聖物寶庫不容錯過
玫瑰堂

澳門有不少美麗迷人的教堂，它們雖然不及歐洲的教堂那麼壯觀宏偉，但卻小巧典雅，瀰漫著莊嚴神聖的氣氛。在澳門的教堂中，玫瑰堂是較為重要，也是遊人較常到訪的一座。

這座教堂在 1587 年由西班牙的聖多明我會創建，又稱為「玫瑰聖母堂」或「聖多明我教堂」，因為用木板建成，中國人又稱為「板樟堂」。教堂最大的特色在於供奉的花地瑪聖母，在每年的花地瑪聖母日，教堂都會進行盛大的儀式和彌撒，並會一邊誦念玫瑰經，一邊迎出大型的聖母像遊行，這是澳門天主教一年一度的盛事，每年都吸引不少信眾參加。

玫瑰堂的外觀柔和美麗

教堂的裝飾十分富麗堂皇、美侖美奐，祭壇採用巴洛克式風格，教堂的立面以古典式設計，柱子則為愛奧尼柱式和科林斯柱式，充滿歐陸風情。外牆以黃色為主調，色彩柔和優雅，整體簡潔明亮，充滿了莊嚴與神聖的感覺。值得留意的是，教堂並沒有很多西式教堂都可見到的彩色玻璃窗，而是採用了充滿南方風格的百葉窗，可說是這裡的一大特色。

教堂的另一看點是右側的聖物寶庫，在 1997 年開始對外開放，收藏著 300 多件天主教文物，像彌撒用的鍍金器、銅器、銀器等，也有象牙製成的聖像，當中油畫《聖奧斯定》和木雕《被綁的基督》是最珍貴的藝術品。3 樓更收藏著全澳門最古老的大鐘。若對澳門的天主教文化感興趣，這裡非常值得一遊。

地　　點	聖母玫瑰堂前地
交　　通	乘坐 2、3、3A、3X、5、7、10、10A、11、18、21A、26A、33 號公車，新馬路／營地大街站下車；或是 3、4、6A、8A、18A、19、26A、33 號公車，新馬路站下車。
開放時間	10:00 ～ 18:00　　費　　用　免費　　建議遊玩時間　45 分鐘

玫瑰堂收藏著全澳門最古老　盧家大屋看上去是一座樸實的大宅　　大屋的裝潢融合了中西風格
的大鐘

 集東西特色的古雅宅第
盧家大屋

地　　　址	大堂巷 7 號
交　　　通	從玫瑰堂步行約 5 分鐘
建議遊玩時間	30 分鐘

　　大堂巷的現代民宅當中，有一座古典優雅的宅第，就是位在大堂巷 7 號的盧家大屋，它是著名商人盧華紹（盧九）的舊居，現在已是世界文化遺產之一。

　　來到這座宏偉的住宅，當然不能不看它古雅而迷人的建築設計！這是一座典型的中國風建築，於光緒十五年（1899 年）建成，因此充滿了晚清纖細的建築風格，在這座宅第裡，不難發現中西並存的特色，例如窗戶設計是受了西方影響，正立面的窗戶都是葡式百葉窗，但入口卻是傳統的中國內凹特色。在宅第裡穿梭，還會發現當中有很多用作自然採光和通風的天井。既可以找到充滿粵式風情的磚雕和蠔殼窗，又可以找到西方風格的假天花板和滿州窗。中西兩種建築風格並用，是那麼融合協調、渾然一體，自然而毫不矯飾。遊走其中，不妨找找這些中西文化融合的特色，會為參觀之旅增添不少趣味喔！

 澳門教區的中心
主教座堂（大堂）

　　天主教在澳門擔負重要角色，澳門的行政分區也是以教堂的堂區劃分，而天主教區在澳門最重要的教堂，就是這座位在大廟頂的主教座堂。

這座教堂於 1622 年建造，位在大堂前地，即「大廟頂」。為什麼會有這個名稱呢？原來因為從前中國人稱教堂為「廟」，主教座堂的所在地也就被稱為「大廟頂」。另外，這裡還有個鮮為人知的名字——因為從前的婦女會在這裡望向海邊，等待丈夫歸來，所以這裡又被稱為「望人寺」。

這座教堂遭遇多舛，因為屢次被颱風毀壞，分別在 1874 和 1937 年再次重建，成為現在的模樣。教堂在澳門的天主教區有著重要地位，教區的核心工作都是在這裡進行，而且歷任澳督就職時，都會來到此處，進行把權杖放在聖母像旁的神聖儀式。

教堂的立面採取古典式的對稱設計，裝飾以簡潔為主，典雅而充滿了主教座堂的氣派。聖像和玻璃窗都是很具歷史價值的文物，還有教堂最引以為榮耀的——祭壇下埋葬著 16 和 17 世紀主教與聖徒的骸骨。此外，教堂還有一座鐘樓，在重要的日子和彌撒都會慎重敲響鐘聲。

主教座堂外觀莊嚴肅穆

地　　　點	大堂前地（即大廟頂）
交　　　通	從玫瑰堂步行約 5 分鐘
建議遊玩時間	15 分鐘

各式食店臥虎藏龍

營地街市美食中心

想品嘗既便宜又道地的美食嗎？到澳門的街市看看吧！不少街市的頂層都被規劃為美食中心，為普羅大眾提供便宜好吃的美食。其中營地街市綜合大樓便是眾多美食雲集之地。

進入綜合大樓後，只要利用電梯登上 3 樓，便到達這個著名的熟食中心。這裡擁有只有老饕才知道，臥虎藏龍的店家。如果喜歡喝咖啡，建議一定要去勝記咖啡，那裡

營地街市集合了購物與美食於一身

的咖啡都是用瓦煲（即砂碢）煮成，十分有特色！當然還少不了香噴噴的平記煲仔飯、惹味的梓記牛雜、麵條彈牙可口的池記麵家啦！看到光顧的大多是當地人，就知道這裡 C/P 值高，價廉味美！雖然遊客並不算多，卻是誠意推薦喔！

除了在綜合大樓內之外，街市周邊也有不少美食！從街市門口出來便是發嫂養生磨房，糕點美味極了！還有可以試試甘甜味香的炒栗子。在品嘗美食之餘，當然也少不了到街市的攤販看看，這裡生活用品、衣飾鞋履都很齊全，而且價錢不貴，説不定能買到既便宜又心儀的物品呢！

地　　址	米糙巷營地街市市政綜合大樓 3 樓
交　　通	從玫瑰堂步行約 3 分鐘
開放時間	07:30 ～ 20:00
建議遊玩時間	45 分鐘

集議事與宗教功能於一身
三街會館（關帝廟）

澳門的廟宇眾多，除了宗教功能之外，某些廟宇也成了人們聚集舉行會議的地方，例如位在營地街市附近的關帝廟，就是澳門早期三街華人商行的議事地點。三街包括了營地大街、草堆街和關前街。商家們不僅在這裡議事，還會互相交流、聯絡感情。在廟宇建立初期，已供奉著關帝，因此這座會館同時具備了宗教和會議場所兩種功能，現在則已成為世界文化遺產之一。

提起三街會館最為人熟悉的地方，絕對非浴佛節的「舞醉龍」和「派龍船頭飯」活動莫屬！每年農曆四月初八，鮮魚行都會在這裡上演精采的「舞醉龍」，舞龍的師傅都會先把自己灌醉，這種醉態十足的舞龍表演可是澳門民間重要習俗，既有傳統特色又富趣味，若前來的時間剛好遇到，一定要看看喔！

三街會館不僅是廟宇，也是從前商人聚會的地方

交　　通	從玫瑰堂步行約 3 分鐘
開放時間	08:00 ～ 18:00
建議遊玩時間	15 分鐘

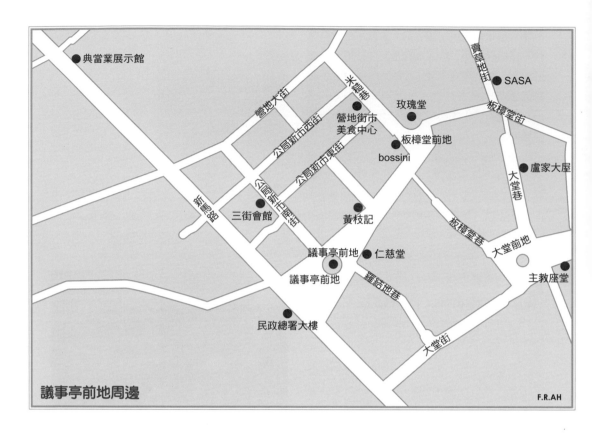

議事亭前地周邊

F.R.AH

地圖標示：典當業展示館、營地大街、米糙巷、玫瑰堂、賣草地街、SASA、板樟堂街、公局新市西街、營地街市美食中心、板樟堂前地、bossini、盧家大屋、公局新市東街、大堂巷、新馬路、公局新市南街、三街會館、黃枝記、板樟堂巷、大堂前地、議事亭前地、仁慈堂、議事亭前地、羅結地巷、主教座堂、民政總署大樓、大堂街

猶如置身歐洲一般

議事亭前地

交　　通	從玫瑰堂步行約 1 分鐘
建議遊玩時間	1.5 小時

　　在澳門的旅遊宣傳廣告裡，大家必定看過一個畫面——在一個鋪滿碎石的美麗廣場上，四周都是充滿歐陸風格的迷人建築，遊人悠閒地坐在噴水池旁，那感覺彷彿置身浪漫的歐洲一樣。這個畫面的場景就是澳門最熱鬧的地方，也是最重要的一個廣場——議事亭前地。

　　從前的議事亭前地，中央並非噴水池，而是葡國軍官美士基打的銅像，後來銅像在一二三事件期間被推倒後，當局建了一座噴水池代替，成了廣場裡最醒目的地標。在很久以前，這個廣場已是澳門居民的休閒勝地，父母都喜歡帶著孩子在這裡玩耍。後來政府把這裡規劃為行人專用區，就變得更熱鬧了。

地上鋪設葡式波浪形碎石，增添不少歐陸風情

民政總署大樓和噴水池是議事亭前地的標誌

廣場的四周都是美麗迷人的歐式建築，像旅遊局、仁慈堂、民政總署等，而政府為了打造出獨特的歐陸風情，特意從葡國邀請了工匠，仕地面上鋪滿砌成優美圖案的葡式碎石。廣場的周邊餐廳和商店林立，有吃的、有玩的、有買的，應有盡有，除了是悠閒散步的好地方之外，也是血拼購物的熱點，不少遊人都在這裡逛得不亦樂乎，盡興而歸呢！如果是血拼一族，建議多預留一點時間在這裡，一定會有收穫喔！

在節慶期間，議事亭前地也披起了華麗的衣裳

美侖美奐的白色大樓
仁慈堂大樓

在議事亭前地閒逛時，一定會被一座外型優雅美麗的雪白色建築所吸引，這座大樓就是議事亭前地的標誌建築——仁慈堂。

交　　通	從玫瑰堂步行約 1 分鐘
開放時間	10:00 ～ 13:00，14:00 ～ 17:30
建議遊玩時間	15 分鐘

仁慈堂其實是在 1569 年創立的慈善機構，曾經幫助不少窮人度過難關，從事了多項慈善救濟活動，對澳門社會的貢獻很大。這座大樓就是其辦公地點，大樓最吸引人之處，就是那充滿著新古典主義的建築風格，使它看起來既優雅又迷人，不少遊客都愛在此取景拍照！

仁慈堂是一座美麗的白色建築

白色的民政總署配合噴水池，構成典雅的畫面

古色古香的優雅建築

民政總署大樓

民政總署於 1784 年建成，是議事亭前地
的其中一座重要建築，現在是政府機關民政總
署的辦公地點，在澳葡時代曾作為市政廳。雖
然是政府部門，但這裡是可供公眾參觀的呢！
走進大樓，會先經過一個大廳，再踏上典雅的
石階，到達清幽美麗的歐式小花園，很多遊人
都喜歡在這裡拍照。更讚的是，此處還設有圖

交 通	從玫瑰堂步行約 3 分鐘
開放時間	09:00 ～ 21:00（公眾假期照常開放）
費 用	免費
建議遊玩時間	30 分鐘

可以在民政總署裡的圖書館享受閱讀樂趣

大樓裡的階梯充滿歐陸色彩

書館！在這麼雅致的環境中閱讀，真是賞心樂事，別有一番滋味呢！參觀過後，千萬別忘記以噴水池和民政總署為背景，拍下一張「到此一遊」的美麗照片喔！特別節日如聖誕節，大樓內還會有漂亮的節慶裝飾，若逢節日前來千萬別錯過！

來澳門必要一試的美食
黃枝記

　　澳門有很多水準不俗的麵店，部分更以手工打製的竹升麵聞名，黃枝記就是其中一家。它是澳門的著名老店，已超過五十年歷史，其創辦人黃煥枝在 40 年代來到廣州，並學習如何製作竹升麵，之後在東莞開店，1959 年 11 月遷店到澳門的十月初五街，並在澳門議事亭前地和香港銅鑼灣開設分店。

　　來到黃枝記，不可不嘗這裡的招牌菜——竹升麵。這種麵是用古法製作，師傅會坐在粗粗的竹竿上，利用人力去打壓麵條，製作出來的麵條口感很好，許多遊客都認為是來澳門必要一試的美食。推薦點一份招牌蝦子撈麵，把蝦子鋪在爽口彈牙的麵條上，蝦子的鮮甜完完全全滲進麵條裡，那滋味真是無法形容！雖然價格貴一點，但想想這是師傅用勞力汗水換來的成果，仍是十分物有所值。

來到黃枝記，又怎能不試試竹升麵？

地　　址	新馬路議事亭前地 17 號
交　　通	從玫瑰堂步行約 2 分鐘
營業時間	08:30 ～ 23:00

把昔日「當鋪」重現眼前
典當業展示館

　　博彩業一直是澳門經濟的重要支柱，伴隨著其發展的還有典當業，從過去到現在，在澳門街頭上，尤其是娛樂場附近，都不難發現「當鋪」，賭博輸了錢的人會拿貴重物品去典當。雖然現在還是「當鋪」滿街都是，只不過，隨著時間流逝，新式的「當鋪」已漸漸轉型，不再是從前那個樣子了。到底從前的「當鋪」是什麼樣子？典當業展示館正好把從前的「當鋪」重現眼前。

　　這個展示館的前身是一間過去著名「當鋪」，它的每個角落、每件器具都是「當鋪」真實的一部分。「當鋪」分為「當樓」和「貨樓」兩部分。一進到展示館，會發現一處高高的柵欄，

典當業展示館的前身是澳門一間著名的「當鋪」　　　從前的人要典當，都要用手將物品舉起交給高高在上的掌櫃

那是為了突顯「當鋪」高高在上的地位，典當者都得站在下面，雙手把典當的物品高舉，讓「當鋪」檢收，這是「當鋪」的一大特色。這座「當樓」裡還有不少昔日「當鋪」用過的器具，如典當工具、紀錄和票據等，透過這些可以加深對昔日典當業的了解。參觀完「當樓」後，還可以到「貨樓」看看，這裡是「當鋪」儲存典當物件的地方，典當的物件包括鐘錶、珠寶等貴重物件，所以「貨樓」的設計密不透風，保安嚴密，重門深鎖。

　　典當業展示館雖然面積不大，卻真實地把從前的「當鋪」生動地重現，對典當業有興趣的遊客不妨參觀一下。

地　　址	新馬路 396 號	開放時間	10:30 ～ 19:00
交　　通	乘　坐 2、3、3A、3X、5、7、10、10A、11、18、21A、26A、33 號公車，新馬路／營地大街站下車；或是 3、4、6A、8A、18A、19、26A、33 號公車，新馬路站下車。	休　　息	每月第一個週一
		費　　用	5 澳門幣
		建議遊玩時間	30 分鐘

日韓化妝品集中地
莎莎（*Sasa*）

　　不少遊人來到議事亭前地都會到一些化妝品店血拼，莎莎便是最受遊人歡迎的店鋪之一，無論什麼時候前往，店面都擠得水洩不通，由此可見其受歡迎的程度。這裡集合了多個知名化妝品品牌，日、韓的化妝產品選擇很多，除了化妝品之外，還販售很多生活用品，如洗髮精、沐浴乳等，而且價錢合理，品質有保證，還時常會有折扣優惠，是一間很受歡迎的化妝品店。若想來澳門購買便宜又優質的化妝品，建議到此挑選喔！

Sasa 的化妝品很受女性歡迎

地　　址	澳門議事亭前地 18-20A 號中華商業大廈地下	
交　　通	從玫瑰堂步行約 3 分鐘	營業時間 10:00 〜 23:00

猶如衣服的超級市場
bossini

　　議事亭前地的服飾店中，bossini 是人氣最旺的一間，在威尼斯人和南灣都有分店，但以議事亭前地的分店最受歡迎。這裡的服飾走青春潮流路線，色彩鮮豔，用料優質，非常受年輕人歡迎。地下是男裝，1、2 樓為女裝，3 樓是童裝。所有衣服都可以試穿，店員的服務也很親切，即使多試穿幾次仍是笑容滿面，而

樓高三層的 bossini，衣服非常多元化

且時常有折扣優惠。很多遊客來到都會一籃一籃地大量購買衣服，感覺就像置身在衣服的超級市場一般！

地　　址	澳門亞美打利庇盧大馬路（新馬路）201 號地下 A 座及地庫、205 號 1-4 樓 A 座	
交　　通	從玫瑰堂步行約 1 分鐘	營業時間 10:00 〜 22:00
官　　網	www.bossini.com/zh_HK/home	

新口岸區

澳門分為內港和外港，內港是指沙梨頭至下環一帶，而外港則是指新口岸這一區。因為往來港澳的船隻都會停泊在外港碼頭（即港澳碼頭），新口岸一區遊客眾多，也造就了店家、餐廳林立，是澳門半島除了議事亭前地之外最熱鬧的區域，亦是賭場、酒店兵家必爭之地，在街頭巷尾總會有一間賭場就在附近，數量之多有如便利商店一般。如果想來澳門試試運氣，或是想感受一下豪華酒店的璀璨，一定要來這個區域逛逛！

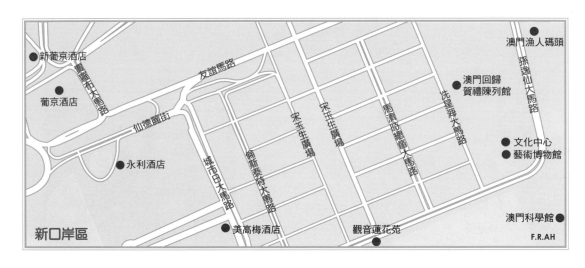

獨樹一格的建築設計

葡京酒店及新葡京酒店

葡京酒店是澳門歷史悠久的酒店，最為人熟悉的是鳥籠式設計，酒店的設施齊備，如泳池、中西式餐廳、娛樂場等。酒店內部採用了充滿葡國色彩的設計，令人感覺典雅華麗。

除了葡京酒店之外，在原有的酒店對面，還有一座新葡京酒店，同樣別出心裁，採用澳門的市花蓮花來設計，成為澳門新地標。新葡京酒店不僅擁有比葡京酒店更寬敞舒適的娛樂場，在酒店大堂也陳列了不少值得一看的藝術珍品，例如珍貴的圓明園馬首像、純金製成的龍船、

美高梅的波浪型外觀充滿美感

葡京酒店擁有宛如鳥籠的獨特造型　　　　　新葡京酒店外觀如同蓮花一般

美麗的象牙雕刻、清朝的龍椅等。新葡京酒店還擁有獲得米其林三星的天巢法國餐廳，為客人提供美味的佳餚。

地　　點　葡京路

交　　通　乘 坐 3、3A、8、10、10A、10B、12、22、23、25、25X、28A、28BX、28C、32 號 公
　　　　　車，葡京酒店站下車；或是 2A、3、3A、3X、5X、7A、8、8A、9、9A、10、10A、10B、
　　　　　10X、11、12、21A、23、25、25X、26A、28A、28BX、28C、32、33、39、50、50X、
　　　　　H1、MT1、MT2 號公車，亞馬喇前地站下車。

官　　網　www.grandlisboa.com/tc/home/index.html

建議遊玩時間　30 分鐘

永利酒店的外型宛如鐮刀

永利酒店美麗的水晶燈

集各式休閒娛樂於一身

永利酒店

　　不少遊人前往新口岸區的酒店參觀，都必定會到永利酒店一看。除了娛樂博彩之外，這裡有免費又很豐富的節目——每半小時會上演一次的富貴龍或吉祥樹表演、精采絕倫的噴火音樂噴泉表演，還有等著遊客瘋狂血拼的名店街、提供各國美食的餐廳、令人放鬆身心的 Spa 中心等。此外，永利酒店也如同新葡京酒店，收藏了不少藝術瑰寶，像巴克勒公爵花瓶、富貴水晶龍、景泰藍駱駝等。來到永利酒店，有吃的、看的、玩的、買的，集合了多種吸引人的元素，難怪這裡已成為很多遊客必訪的熱點了！

地　　點	新口岸仙德麗街
交　　通	乘坐 3A、8、10A、12、23 號公車，仙德麗街站下車；或是 2A、3、3A、3X、5X、7A、8、8A、9、9A、10、10A、10B、10X、11、12、21A、23、25、25X、26A、28A、28BX、28C、32、33、39、50、50X、H1、MT1、MT2 號公車，亞馬喇前地站下車。
官　　網	www.wynnmacau.com　　**建議遊玩時間**　1 小時

美高梅的天幕廣場充滿歐陸風情

美高梅天幕廣場內的歐式建築

優雅美麗的歐式廣場

美高梅金殿酒店

　　設計優雅的美高梅金殿酒店，擁有多處吸引遊客的亮點。不得不提的是充滿歐陸風情的天幕廣場，漫步其中，真有如同置身歐洲小鎮的錯覺，而且廣場上不時都設有免費的展覽，例如在「水天幕」展區裡，可以欣賞到 8 公尺的水族箱裡，魚兒在美麗的珊瑚間優游的美麗畫面。這裡的設施齊備，光是提供餐宴佳釀的餐廳，就有 8 家之多！還有 Spa 中心、健身房、購物中心、泳池等設施，為遊客提供精采的休閒體驗！

地　　點	新口岸填海區
交　　通	乘坐 3A、8、12、23 號公車，城市日大馬路／波爾圖街站下車。
官　　網	www.mgmmacau.com/zh-hant
建議遊玩時間	45 分鐘

美高梅的金獅子氣勢萬鈞

科學館的外型很有科幻感　　　科學館的展品寓教於樂　　　可以和機械人來個親密接觸

寓學習於遊戲的親子樂園
澳門科學館

　　澳門科學館是一個老少咸宜，適合親子同遊的地方，展館包括了展覽中心和天文館兩部分。

　　展覽中心設有常規展覽和特別展覽，常規展覽共設有 12 個展廳，分為 12 個長期展廳主題，包括太空科學、兒童樂園、兒童科學、科學快車、機械人、聲學、地球、遺傳學、環保、運動健康、運動競技及食物科學，透過有趣和互動的展品，讓參觀者可以動腦動手，親自感受科學的奧祕。孩子們能在兒童樂園廳、兒童科學廳等，透過任務式的動手遊戲，靈活地探索學習科學知識。而遺傳學廳、地球廳等較深奧的展廳則適合成年人。另外機械人廳、運動競技廳最適合親子一起動手，透過遊戲，寓教於樂。

　　至於天文館，它是全球最高解像度的立體天文館，擁有直徑 15 公尺的半球形銀幕和 127 張互動聲控座椅，觀眾不僅能在球形銀幕上看到生動有趣的科學節目，還可以戴上特製眼鏡，看到銀幕上活靈活現的立體影像。透過這些高科技的設備觀賞天象節目，一起漫遊太空，探索每個星體和宇宙的奧祕，實在是既有意義又有趣的體驗！

地　　點	澳門孫逸仙大馬路
交　　通	乘坐 3A、8、10A、12 號公車，澳門科學館站下車。
開放時間	10:00 ～ 18:00（17:30 停止售票）
休　　息	週四、農曆新年除夕休館，公眾假期照常開放。

收　　費	展覽中心 25 澳門幣、天文館（2D 球幕／2D 天象節目）50 澳門幣、天文館（3D 球幕／3D 天象節目）65 澳門幣，2 歲以下兒童參觀所有設施費用全免。
官　　網	www.msc.org.mo
建議遊玩時間	1.5 小時

是觀音，還是聖母？

觀音蓮花苑

　　來到這座觀音像，大家都會不約而同有個問題，這個真的是觀音嗎？從神態來看，不是更像聖母嗎？沒錯！這就是這座觀音像的最特別之處，因為設計師是葡國人，在構思觀音的形象時，無可避免地把聖母的神態也加入其中，所以就變成了這座是觀音卻不像觀音、不是聖母卻像聖母的觀音像。這種東西方宗教融合的現象，也是澳門的一大特色呢！在觀音像附近還有美高梅金殿、澳門科學館、文化中心等景點，很適合一起同遊。

觀音的形態就像聖母一般

地　　點	新口岸孫逸仙大馬路對開人工島上
交　　通	乘坐 3A、8、10A、12 號公車，新口岸／文化中心站下車；或是 10A、17 號公車，觀音蓮花苑站下車。
建議遊玩時間	15 分鐘

澳門文化活動場地

文化中心

　　從前澳門時常被說是「文化沙漠」，但隨著政府和藝術組織的推動，近年文化活動已漸漸受到重視，各種藝術表演相繼出現，觀眾人數也越來越多。而澳門文化中心，由於擁有多元的表演、展覽及會議場地，不少文化活動，如歌劇、舞劇、交響樂、小型音樂會等都會在這裡舉行。中心附設的劇院更設有環繞立體聲系統，可以搖身一變成為電影院！除了各種大小文藝活動之外，文化中心也是澳門藝術節表演項目的主要場地。喜歡藝術表演的朋友，來澳門前不妨先上網查詢一下，看看文化中心有什麼精采表演吧！

文化中心是藝術表演的主要場地

地　　點	澳門新口岸冼星海大馬路
交　　通	乘坐 3A、8、10A、12、17 號公車，澳門文化中心站下車。
官　　網	www.ccm.gov.mo　　**建議遊玩時間** 15 分鐘

澳門藝術盡在於此

澳門藝術博物館

　　澳門擁有許多不同主題的博物館，喜歡創意藝術的朋友，不妨來這間藝術博物館參觀一下吧！除了常規展覽之外，這裡不時會有特別展覽，如書法展、畫展、藝術文物展等，也會和其他國家，如法國、義大利、巴西等的博物館進行交流展覽。

藝術博物館裡展示著各種藝術作品

　　常規展覽包括了一些與澳門息息相關的藝術展示，如藝術作品中的媽閣廟、19 世紀的澳門歷史繪畫等，也有展示中國的藝術品，如 4 樓的中國書畫館和中國陶瓷館。博物館還有一特別之處，就是設有藝術圖書館，提供與藝術相關的書籍和雜誌，讓大眾免費閱讀。這裡還設有藝術工作室，可進行藝術創作和技術訓練。大家也可以在博物館附設的禮品店，購買澳門文創產品、富有葡國特色的商品等，更可以在旁邊的北京故宮博物院首間境外禮品專門店，購買故宮的相關精品。

地　　點	文化中心內	費　　用	成人 5 澳門幣、持學生證人士或至少 10 人團體 2 澳門幣，12 歲以下兒童及 65 歲以上長者免費參觀。
開放時間	10:00 ～ 19:00（18:30 停止入場，週日免費開放）	官　　網	www.artmuseum.gov.mo
休　　息	週一	建議遊玩時間	45 分鐘

收藏回歸珍貴賀禮

澳門回歸賀禮陳列館

1999 年 12 月 20 日回歸中國是澳門的大事，各個省分都送來禮物慶賀，當中不少珍貴的藝術品，現在都存放在澳門回歸賀禮紀念館，而這紀念館的選址，正是當年政權交接儀式的舉行地點。

一進入陳列館內，便會立即被一幅題字所吸引，這是中國前國家主席江澤民的親筆題字，也是他送給澳門特別行政區的禮物。此

展示館內珍藏著來自各省分的回歸賀禮

外，館內還有不少手工精美，令人眼睛一亮的藝術品，有的金碧輝煌，有的精雕細琢，所用材料有金的、銅的、木的，讓人目不暇給。除了長期的回歸賀禮展覽之外，展館還不時會舉辦特色專題展覽，喜歡藝術的遊客不容錯過！

地　　點	新口岸冼星海大馬路文化中心旁	收　　費	免費
交　　通	文化中心旁	官　　網	handovermuseum.iacm.gov.mo
開放時間	10:00 ～ 19:00（18:30 停止入場）	建議遊玩時間	30 分鐘
休　　息	週一		

 澳門唯一主題公園

澳門漁人碼頭

當你看到那一排排荷蘭式小屋，經過那壯觀的競技場時，別以為正身處在阿姆斯特丹或羅馬，其實你是在澳門的漁人碼頭喔！

這是澳門一個免費開放的主題公園，在這裡可以坐在古樸優雅的古羅馬競技場內看表演，也可以在充滿歐陸風情的街道上閒逛購物。這裡還設有會展中心，多數時候都會舉辦大型展覽，如美食節、商品購物節、婚紗展等。喜歡博彩的朋友，也可以到附設的巴比倫娛樂場試一下運氣。饕客亦可以到樂園的非洲村、萊斯酒店餐廳等享用特色美食，可說是各有各的精采。最近樂園正在整修，將會建造更大型的酒店和娛樂設施，相信未來會為大家提供更豐富的休閒娛樂！

漁人碼頭內有多座仿古的建築物　　　　　　　遊走在漁人碼頭的街道上，彷彿置身荷蘭

　　值得一提的是，除了可以在日間來到之外，也不妨於晚上來看看，因為這裡的夜景比日景更為迷人，在歐陸大街和競技場附近燈光璀璨，可以拍到很美的照片呢！

地　　點	新口岸孫逸仙大馬路對開	費　　用	免費
交　　通	乘坐 3A、8、10A、12 號公車，孫逸仙大馬路／漁人碼頭站下車。	官　　網	www.macaulegend.com/c/bus_mfw.php
開放時間	24 小時	建議遊玩時間	45 分鐘

 體驗在東望洋賽道馳騁

大賽車博物館

　　格蘭披治大賽車已經舉辦了六十多年，是澳門每年的三大盛事之一。為了讓大家對大賽車有更深認識，特地設立了大賽車博物館。博物館裡最重要、不能錯過的展品，當然是當年車神冼拿（Senna）來澳門參加比賽時的「戰車」了！遊客還能跟這位英雄的坐駕拍張合照留念！除了他的戰車之外，博物館還有很多知名車手的座駕，有三級方程式、跑車、房車、摩托車等，更難得的是當中很多都歷史悠久，而且保存良好，每輛皆為價值不菲的「古董老爺車」，實在令人大開眼界！

　　除了戰車之外，博物館還有不少跟賽車有關的展品，例如澳門東望洋賽道的模型、各式賽事裡會用到的旗號、以往賽事的精采鏡頭回顧等，讓參觀者對賽車有更深的認識。而為了讓參

博物館的鎮館之寶——車神冼拿的戰車　　　館內有很多外型優雅的古董賽車

觀者有深刻體驗，這裡還設有真實感非常高的模擬賽車遊戲，供大家免費試玩，讓車迷可以實際感受在東望洋賽道馳騁的滋味。

地　　　點	澳門高美士街旅遊活動中心內
交　　　通	乘坐 1A、3、10、10B、28A、28B、28BX、28C、32 號公車，理工學院站下車；或是 1A、3、10、10B、10X、23、28A、28B、28BX、28C、32 號公車，旅遊活動中心站下車。
開放時間 10:00～20:00　休　息 週二　費　用 免費	

免費試喝葡萄美酒

葡萄酒博物館

　　遊覽完大賽車博物館後，不妨也順道至對面的葡萄酒博物館逛逛吧！葡國的波爾圖向來以葡萄酒著名，澳門曾作為葡國的殖民地，亦深受這種文化影響。如果對杯中物有興趣，一定要去葡萄酒博物館參觀！

　　這裡不僅將釀製葡萄酒的過程一一盡現參觀者眼前，更擁有大量跟紅酒文化相關的照片和模型，讓大家能更清楚了解葡萄酒的歷史。完成了這次的葡萄酒之旅後，千萬別忘記在臨走前喝一杯免費的葡萄美酒喔！

釀酒工人的傳統服飾

釀酒用的木桶

地　　點	澳門高美士街旅遊活動中心內	
交　　通	從賽車博物館步行約 1 分鐘	
開放時間	10:00 ～ 20:00	
休　　息	週二	
費　　用	免費	
建議遊玩時間　30 分鐘		

 必定要到此一遊

金蓮花廣場

　　來到澳門，當然要到最具代表性的景點一遊啦！除了大三巴牌坊之外，這個金蓮花廣場也極具代表性。蓮花是澳門的市花，這座金蓮花雕像是為了紀念澳門回歸中國的日子而設立。平時這裡遊客很多，大家都紛紛要在金蓮花前拍攝一張「到此一遊」的照片！在每年的回歸紀念日或國慶日，這裡都會舉行莊嚴的升旗儀式。

交　　通	從賽車博物館步行約 3 分鐘

金蓮花是很多遊人必拍的景點

南區

　　澳門南區大部分是較高尚的住宅區，保留著不少美麗的古蹟教堂，景點十分集中，而且每處都是精華所在，大約花一個下午便能看完。除了登上主教山要走一段上坡路之外，沿途十分好走，非常適合悠閒散步。可以規劃一條從媽閣出發的旅遊路線，經由港務局、鄭家大屋、亞婆井前地、主教山、聖老楞佐教堂、聖若瑟修院，以崗頂、福隆新街及爐石塘街作為終點。

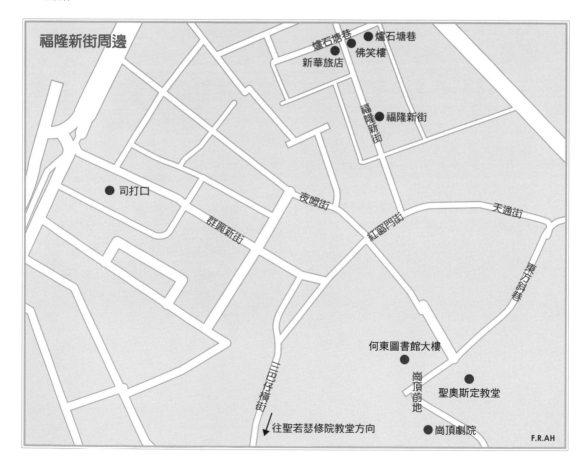

福隆新街周邊

爐石塘巷
爐石塘巷
佛笑樓
新華旅店
福隆新街
司打口
夜呣街
群興新街
紅窗門街
天通街
東方斜巷
何東圖書館大樓
崗頂前地
聖奧斯定教堂
三巴仔橫街
往聖若瑟修院教堂方向
崗頂劇院
F.R.AH

福隆新街的窗門都是紅色，所以又稱「紅窗門」

過去的「花街」，現在的「食街」

福隆新街

福隆新街仍然保留著昔日的花街風貌

澳門有不少別具特色的街道，來到這條福隆新街，環顧四周，處處都是朱紅色的窗門，感覺就如同置身在花街柳巷一般。沒錯，福隆新街就是昔日盛極一時的「花街」！從前這裡到處是妓院，姑娘會站在窗邊向客人招手，非常繁華熱鬧。如今，紅燈區已遷往其他地區，妓院都已不在，但為了保存這一帶的特色，政府規定將所有建築物都完整地留下，並會定時塗上紅色油漆，所以現在這裡仍保存著當年的模樣，遊客漫步其中，彷彿穿越時光隧道回到過去。

雖然「花街」不再，但這裡卻依舊熱鬧，無論什麼時候都遊人如織。除了這裡的獨特風情之外，很多遊客其實是為了美食而來。這裡稱得上名副其實的「食街」，集中了多家知名食店，例如以竹升麵聞名，多個電視節目都曾介紹過的祥記麵家；以魚翅出名，任何時候都大排長龍的添發碗仔翅；以魚製粥品聞名的老字號梁慶記；製作真材實料肉丸粥的合誠小食店；提供葡式糕餅甜點的老地方等。多家著名食店都聚集在短短的福隆新街上，再加上大受歡迎的鉅記手信，難怪這裡每天都遊人不斷。

隨著時代變遷，福隆新街已從過去的「花街」，轉變成現在的「食街」，然而不變的卻是那股懷舊風情，還有遊客對這裡的深切喜愛！由於就位在新馬路附近，又鄰近崗頂，建議可與議事亭前地和崗頂前地一帶同遊。

交　　通　乘坐 2、3、3A、3X、5、7、10、10A、11、18、21A、26A、33 號公車，新馬路／營地大街站下車；或是 2、3A、5、7、10、10A、11、21A 號公車，金碧娛樂中心站下車。

建議遊玩時間　30 分鐘

電影取景的懷舊旅店

新華旅店

　　如果想找一個既便宜又有特色的住宿處，很推薦位在福隆新街上的新華旅店。這間旅店歷史悠久，現在仍保留著多年前的陳設，無論是裝修，還是設備，都充滿了懷舊風情。而且來到這裡，你或許會有種熟悉的感覺，沒錯，此處就是兩部著名電影《伊莎貝拉》和《2046》的拍攝地！入住在這間別具風情的旅店，感覺就像重回往日時光一般！更重要的是，房價十分划算，只要100澳門幣左右便能住宿一晚，實在物超所值！

交　　通	位在福隆新街

新華是間充滿懷舊風情的老旅店

著名食店林立

爐石塘巷

　　爐石塘巷緊接著福隆新街，可以兩者一起同遊。它原本是一個避風塘，因為塘裡有很多亂石，所以被稱為「蘆石塘」，後來易名為「爐石塘街」。

　　雖然建築物不及福隆新街古色古香，但這一帶也如福隆新街一樣，集合了多間著名食店，當中包括大名鼎鼎的佛笑樓和陶陶居。佛笑樓是著名的老字號西餐廳，燒乳鴿是一定要

爐石塘巷上著名的陶陶居酒家

試的招牌菜。陶陶居是擁有悠久歷史的粵式酒家，在這裡可以品嘗到許多地方都吃不到的懷舊粵菜，例如最有名的金錢蟹盒。

　　這條街道也是著名的伴手禮店鉅記的發跡地，在開設店鋪前，鉅記就是在此處設攤做生意。

現在這裡也是伴手禮集中的地點，有多個街邊攤販，可以買到很好吃的花生糖。除了伴手禮之外，聞名全澳門的三元粥品也在這條街上，一定要試試爽口彈牙的肉丸喔！另外還有深受遊客喜愛的麥師傅，走累了就來這裡嘗一碗甜潤解渴的甜品吧！

交 通	從福隆新街步行約 3 分鐘
建議遊玩時間	15 分鐘

必要一試石歧乳鴿
佛笑樓

　　佛笑樓是澳門歷史悠久的老字號葡式西餐廳，開業至今已超過一世紀，老店設在福隆新街至爐石塘街一帶，如今經營至第四代了。除了各式葡式美食之外，這裡最著名的就是石歧乳鴿，為採用祖傳祕方炮製的名菜，老饕來此都必嘗！因為很受歡迎，佛笑樓的業務也漸漸擴展，目前在皇朝酒吧區和路氹城區的威尼斯人都設有分店，其中威尼斯人分店為客人提供不少懷舊葡國菜，包括只限這家分店才有售的葡式紅酒燴雞，若有機會建議一定要來品嘗看看！

來到佛笑樓，一定要嘗嘗燒乳鴿

地 址	澳門福隆新街 64 號
交 通	從福隆新街步行約 3 分鐘
營業時間	12:30 ～ 22:30

全澳唯一歐式劇院
崗頂劇院

　　走過福隆新街，再沿著上坡路前進，便會到達崗頂前地，這裡是一個很適合悠閒休息的廣場，匯聚了幾座別具特色的建築物，其中最搶眼的就是這座崗頂劇院。它又稱為「伯多祿五世劇院」，這座外型典雅的劇院來頭不小！是中國最古老的西式劇院，以及澳門唯一的歐式劇院建築，也被列為世界文化遺產。

　　除了會上演戲劇之外，也是從前葡萄牙人的聚會場所，設有餐廳、古籍閱書樓和桌球室等，可說是一座多用途的娛樂場所。劇院採用新古典建築風格，以淺綠色為主調，配合愛奧尼式柱廊和圓拱式落地大窗，看上去柔和清新、優美典雅，是不少遊人的拍照熱點。

充滿歐洲風情的崗頂劇院，典雅美麗　　　崗頂劇院側面的窗戶也十分迷人

地　　點	崗頂前地
交　　通	乘坐 2、3、3A、3X、5、7、10、10A、11、18、21A、26A、33 號公車，新馬路／營地大街站下車；或是 2、3A、5、7、10、10A、11、21A 號公車，金碧娛樂中心站下車。

開放時間	10:00 ～ 18:00	休　　息	週二	建議遊玩時間	30 分鐘

幽雅的閱讀環境

何東圖書館大樓

　　如果想在優美舒適的園林裡，或是古色古香的建築內享受閱讀樂趣，何東圖書館將是非常適合的地點。

　　這座外型優雅的建築是世界文化遺產之一，集合了建築、文化和歷史於一身。它本來是一座花園式豪華住宅，屬於官也夫人擁有，後來何東爵士買入作為別墅，他過世後，其後人把它捐出用作圖書館，近年經過整修，館藏量增加了不少，更特別的是設有鳥語花香的小花園，在這優美的環境裡悠閒閱讀，真是賞心樂事。此外，這裡也擁有非常珍貴的古籍珍藏，像是《翁方綱纂四庫提要稿》和一些重要的天主教文獻等。其他藏書以中文、英文、葡文為主，可說是包羅萬像。

交　　通	從崗頂劇院步行約 1 分鐘
開放時間	週一至週六 10:00 ～ 19:00，週日 11:00 ～ 19:00
建議遊玩時間	30 分鐘

何東圖書館環境優雅

讀者可以在清幽的戶外閱讀區享受閱讀樂趣

教堂為何又叫「龍鬚廟」？

聖奧斯定教堂

如果我告訴你，這座教堂的另一個名稱是「龍鬚廟」，你一定會摸不著頭緒——中國人喜歡把教堂稱為「廟」，這一點還可以理解，但「龍鬚」又是來自什麼典故？其實這與教堂的最初外觀有著莫大關係呢！

聖奧斯定教堂，是西班牙奧斯定會修士來澳門傳教時所建立，起初教堂的屋頂是用棕櫚樹葉建成，每當風雨來時，樹葉在風中飄搖，形狀就像龍鬚一樣，而因為人們無窮的想像力，使這裡得到了「龍鬚廟」這個特別的稱號。

聖奧斯定教堂又名為「龍鬚廟」

教堂採用文藝復興的古典式構圖設計，除了內部格局和玫瑰堂相像之外，兩座教堂的相同之處還有——每年都會進行重要的宗教巡遊。玫瑰堂是 5 月 13 日的花地瑪聖母巡遊，而聖奧斯定教堂則是每年四旬期第

交　　通	從崗頂劇院步行約 1 分鐘
開放時間	10:00 ～ 18:00
建議遊玩時間	15 分鐘

一個週末舉行的耶穌受難像出遊，兩者都是澳門天主教的重大節慶。若到訪澳門時遇上這兩個日子，不妨參與這兩大巡遊，感受一下澳門濃厚的宗教氣氛吧！

從前的鴉片港口

司打口

　　司打口又稱為「柯邦迪前地」，是內港的一個休憩廣場。在清朝同治年間，它曾經作為中國史上第一個進口鴉片的專用碼頭，於鴉片在中國流傳的發展史上扮演重要角色。

　　這裡還有一座鴉片屋，即司打口與火船頭街的樓宇。這座建築物以黃色為主，有著拱型的公共走廊，看起來十分典雅，有誰能想到這裡竟然原本是鴉片公棧的一部分，曾作為儲存鴉片的倉庫？

　　隨著鴉片被禁，司打口的鴉片埠頭地位已經不再，一切都走入歷史，連這座曾經害人不淺的鴉片屋，也搖身一變成為濟世為懷的同善堂第二診所。歲月的流逝，真能徹底改變一切呢！

從前的鴉片屋，今日已變成診所

交　　通	乘坐 3A 號公車，司打口總站下車；或是 1、2、5、6B、7、10、10A、11、16、21A、26、MT4 號公車，司打口站下車。

建議遊玩時間　15 分鐘

美食魚貨的集中地

下環街市

　　去到一個地方旅行，如果想了解當地人的生活狀況，最好的方法當然是去市場逛逛。下環街市綜合大樓規劃得十分完善，衛生情況理想，可以讓遊客舒舒服服地閒逛，還可以一嘗美食。

　　就如營地街市一樣，這裡的 2 樓規劃成熟食中心，集合了不少經濟實惠、道地可口的美食，如果喜歡澳門的平民小吃，這裡一定能

下環街市的美食中心，食物道地又便宜

滿足你！例如美味的雞屎藤餅、紅豆糕、冷糕等小吃，都很受居民歡迎，美味之餘價錢又便宜，只要幾十澳門幣就能將各式小吃一網打盡、飽餐一頓。

除了道地小吃之外，這裡因為鄰近內港，海鮮也特別新鮮，而且價錢公道，不少家庭主婦都特地來此處買菜，讓這裡成為澳門最熱鬧的街市之一。在這裡既可以享用 C/P 值高的美食，又可以親身感受澳門居民的日常生活，真是很棒的體驗呢！

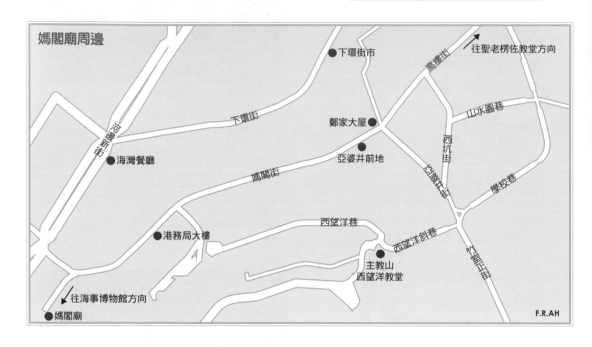

媽閣廟周邊

往聖老楞佐教堂方向
下環街市
高樓街
山水園巷
下環街
鄭家大屋
西坑街
亞婆井前地
古婆井街
海灣餐廳
媽閣街
學校巷
港務局大樓
西望洋巷
西望洋斜巷
竹室正街
往海事博物館方向
主教山
西望洋教堂
媽閣廟
F.R.AH

澳門一名由此而來

媽閣廟

不說不知，澳門的葡文名稱「Macau」，其實與這座澳門古廟有著很大關係。話說當葡萄牙人第一次來到澳門時，就是在媽閣廟一帶登陸，見到當地居民，想問問自己身在何方，居民都回答：「媽閣。」於是葡國人便把這個半島稱為「Macau」。

除了與澳門的名稱大有淵源之外，這座媽閣廟與澳門居民的日常生活和信仰文化也有著重大關聯。從前澳門以捕魚業為主，漁民出海前都會敬拜媽祖，希望一路風調雨順，可以平安回來，所以媽祖文化在澳門一直扮演重要角色。時至今日，雖然漁民的數目已經銳減，媽閣廟仍

媽閣廟是澳門最古老，也最重要的廟宇

媽閣廟裡的建築充滿了東方古典風格

然是澳門最重要的廟宇之一，也是被列入世界文化遺產歷史城區的一個重要部分。

　　媽閣廟是澳門三大古剎中最古老的一座，古廟沿著崖邊建築，分為大殿、石殿、弘仁殿、觀音閣四個部分，廟內的石獅、牌坊、庭院、石刻都充滿了濃厚的東方色彩，構成了媽閣廟優美的環境。每年除夕，不少信眾都會在子時於此爭上頭香，情況熱鬧。

交　　通	乘坐 1、2、5、6B、7、10、10A、11、18、21A、26、28B、MT4 號公車，媽閣廟站下車。
開放時間	07:00 ～ 18:00
建議遊玩時間	30 分鐘

美味家庭式葡國料理

海灣餐廳

　　來到媽閣廟一帶旅遊，若需在此用餐，不少遊人都會選擇到海灣餐廳。這家餐廳外觀十分特別，採用了澳門其中一座著名的葡式建築，而餐廳的內部也和外觀那般古典優雅，給人家一樣的溫馨舒適感覺。

　　這間餐廳的最特別之處，是由一位婦女掌廚，將傳統家庭口味的料理呈獻給客人。從前主理葡國餐廳的大多是男人，後來一些婦女

海灣餐廳是家以傳統口味為主的葡國餐廳

發起將祖傳的食譜與客人分享，其中一位便是海灣餐廳的創辦人，所以，這裡的葡式料理都很有家常風味，十分值得品嘗！

餐廳的招牌菜式很多，包括西洋炒蜆、海鮮飯、葡式焗鴨飯、燒馬介休等，全都是色香味俱全，賣相吸引人，一看就令人垂涎三尺。品嘗完主菜後，不妨也點一份葡式甜品——餅乾麼士或蛋白梳乎厘，為這頓美味豐富的葡國料理劃上完美句號！

地　　址	河邊新街 261 號 A 地下
交　　通	乘坐 1、2、5、6B、7、10、10A、11、18、21A、26、28B、MT4 號公車，媽閣廟前地站下車。
營業時間	12:00 ～ 15:00，17:00 ～ 22:30
官　　網	www.restaurante-litoral.com

模型重現了澳門昔日的魚港風情

博物館展示了昔日漁民的服裝

博物館內收藏著精緻的船隻模型

詳盡介紹航海漁業

海事博物館

葡國的航海事業十分發達，漁業則是澳門從前的主要收入來源，如果想多了解這兩項事業的發展，不妨來海事博物館看看吧！

在這個博物館裡，有多座珍貴的船隻模型，最適合喜歡船隻的航海迷。另外，這裡也詳細介紹了大航海時代葡國來到東方的路線，以及澳門漁民會用到的器具，還有漁民的風俗文化、生活面貌等，更展示了從前往來港澳的船隻、澳門海港的模型，甚至有一些常在澳門水域出現的魚類展示。在這個博物館走完一遍，肯定會對航海歷史有更深的認識。

博物館就位在媽閣廟對面，大家可以和媽閣廟一起同遊。

地　　址	澳門媽閣廟前地 1 號	費　　用	10 ～ 17 歲週一至週六 5 澳門幣，週日 3 澳門幣；18 ～ 64 歲週一至週六 10 澳門幣，週日 5 澳門幣；10 歲以下、65 歲或以上免費。	
交　　通	從媽閣廟步行約 3 分鐘			
開放時間	10:00 ～ 18:00（17:30 停止售票）			
休　　息	週二	官　　網	www.hkmaritimemuseum.org	
		建議遊玩時間	45 分鐘	

澳門少見的摩爾建築

港務局大樓

因為受葡國影響，在澳門可以輕易找到很多充滿歐陸風情的建築，可是你有沒有發現，原來在澳門也能找到摩爾式風格的建築物呢？它就是亞婆井附近的港務局大樓，有些人又稱之「水師廠」。雖然現在作為政府機關，不可以隨意入內參觀，但仍可以欣賞其美麗的外觀。這座建築是一位義大利設計師卡蘇杜（Cassuto）的作品，因為曾經作為摩爾兵營，現在仍可以看到摩爾式的伊斯蘭拱頂，是在澳門為數甚少的伊斯蘭風格建築，也屬於世界文化遺產之一。很多遊人遊罷媽閣廟後，都會順道到此一遊，拍下一張典雅優美的照片！

港務局大樓充滿了濃厚的摩爾風情

交　　通	乘坐 9、16、18、28B 號公車，風順堂站下車。
建議遊玩時間	15 分鐘

到底井口在哪兒？

亞婆井前地

來到亞婆井的朋友都會有個問題，這裡叫亞婆井，但井口到底在哪裡呢？其實這裡並非真正的井口，而是明朝有位婆婆在此築起水池，蓄水方便居民飲用，所以才稱為「亞婆井」。

亞婆井前地曾是葡國人的聚居地，也是澳門最古老的住宅區之一。從前的葡萄牙民謠這樣唱著：「喝過亞婆井水，忘不掉澳門；要麼在澳門成家，要麼遠別重來。」可見這片小天地在

葡國人心中的重要性。

現在的亞婆井保留著古老的建築,那兩株百年榕樹仍然屹立不倒,再配上典雅的街燈,雅致的碎石子路,那份濃厚的歐陸風情依舊好好保存著,而這裡也是澳門歷史城區的一部分,被列入世界文化遺產之中。

交　　通　從港務局大樓步行約 5 分鐘

建議遊玩時間　15 分鐘

亞婆井前地是葡人的聚居地

鄭家大屋的門廊充滿中式風格

傳統的窗戶古典雅致

經過修復後,美麗的大宅重現眼前

 中西建築風格完美合璧
鄭家大屋

　　澳門有兩座著名的宅第,一座是位在大堂巷的盧家大屋,另一座是同樣為世界文化遺產的鄭家大屋。它是著名思想家鄭觀應的舊居,於 1869 年建成,歷經幾番風霜,宅第變得殘破不堪,多次整修後才恢復昔日面貌。

　　跟盧家大屋一樣,鄭家大屋的建築風格同時結合了中西特色,可以找到充滿中式風格的屋頂、樑架結構和趟櫳門,也可以看到深受西方影響的天花板和門楣。在一座座大宅內穿梭,可以深刻感受到非凡的氣派。

　　除了可以自行參觀之外,更棒的是,也提供免費導覽。導覽員會將這裡的建築特色,每一

處值得細看的地方，鉅細無遺地向遊客介紹。這裡有時也會上演一些中國曲藝表演，能在這麼古色古香的大宅內欣賞動聽的音樂，實在很享受呢！

地　　　址	龍頭左巷 10 號（海星中學附近）	休　　　息	週三	費　　　用	免費
交　　　通	從港務局大樓步行約 5 分鐘	官　　　網	www.wh.mo/mandarinhouse		
開放時間	10:00 ～ 18:00（17:30 後停止入場）	建議遊玩時間	45 分鐘		

艱辛卻絕對值得一遊

主教山西望洋教堂

很多到過主教山的遊客都說，要抵達這裡遊玩並不容易，需要征服一段段看起來就非常嚇人的奪命上坡路，但我想說，即使路途辛苦，但當登上主教山時，會覺得這一切都是值得的！

走完一大段艱苦路途，得到的收穫是如畫的風光和美麗的視野。這裡一向都是很受歡迎的婚紗照拍攝地，也曾是電影的取景地，當然，其美景絕對是全澳門首屈一指！在這裡可以居高臨下，清楚看到澳門的多座地標建築，如新葡京、旅遊塔、西灣大橋等，視野非常廣闊，到此一遊會令身心都放鬆不少。而且這裡本身也是個風景十分秀麗的景點，精緻的西望洋山教堂、一道道充滿特色的階梯，還有神情安詳的聖母像，配上點點翠綠的植物，這裡就像一處恬靜的忘憂谷，置身其中可以把煩惱都一一拋諸腦後。

主教山鄰近鄭家大屋、亞婆井前地、聖老楞佐教堂，不妨與這些景點一起同遊吧！

美麗迷人的教堂，配上古樸的階梯，構成如詩如畫的景致

交　　　通	乘坐 9、16 號公車，濠璟酒店站下車，沿上坡路前進。
開放時間	09:00 ～ 17:30
建議遊玩時間	45 分鐘

美侖美奐的風順堂

聖老楞佐教堂

聖老楞佐堂擁有美麗的小花園和階梯

它是澳門三大古老教堂之一，從教堂的石碑可知歷史悠久。教堂以前又名為「風順堂」，即順風順水的意思，所以在教堂一帶區域，都被稱作「風順堂區」。

因為位在高級住宅區，於澳門多座教堂中，也屬於較美麗的一座。教堂擁有兩道優雅的階梯，外圍是個漂亮的小花園，環境恬靜優美。教堂外型富有葡萄牙色彩，裝飾得美侖美奐，以黃色為主調，十分柔美祥和。教堂內擁有多座聖像，包括在主祭壇上的主保聖人聖老楞佐聖像。

教堂比鄰聖若瑟修院、亞婆井前地、鄭家大屋等多座文化古蹟，而且教堂本身也是世界文化遺產之一，可以把這個區域的景點串連在一起遊覽。

交　　通	乘坐 9、16、18、28B 號公車，風順堂街站下車。
開放時間	10:00 ～ 17:00

擁有澳門少見的石階梯

聖若瑟修院教堂

從長長的階梯看上去，教堂顯得非常宏偉

聖若瑟修院位在崗頂前地，修院並不對外開放，但教堂部分卻可以參觀，入口位在三巴仔街，這座教堂在 2001 年獲得聯合國教科文組織亞太區文物保護獎，而且也是世界文化遺產之一，十分具有參觀價值。

教堂前的石階梯在澳門並不多見，只有三座建築物擁有。教堂於 1746 年興建，由耶穌會管轄，因為規模僅次於聖保祿大教堂（即大三巴牌坊前身），所以當地人都稱之為「三巴仔」。建築採用巴洛克式風格，教堂裡有多種裝飾，其中最搶眼的就是兩組四支腰纏金葉

地　　點	崗頂前地，入口位在三巴仔街
交　　通	從聖老楞佐教堂步行約 3 分鐘
開放時間	10:00 ～ 17:00

的旋柱，內部的拱頂十分宏偉。教堂內設有一座管風琴，時常有音樂會在這裡舉行，而且也是一些新人喜愛的婚紗照拍攝勝地。

老字號的低調餐廳
沙利文餐廳

　　沙利文是澳門一家十分老字號的西餐廳，創立於 1961 年，原本作為商界名流的高級會所，並不對外開放，後來成為知名的餐廳。餐廳的外觀十分低調，可是慕名而來的遊客卻不少，餐廳很受來自香港、中國，甚至日本的客人歡迎，連葡萄牙人都喜歡光顧呢！

　　來到這裡，當然要試一試它的葡式小吃。先點上一份馬介休球或蝦多士吧！炸得又香又脆，真材實料，絕對不能錯過。接著是主菜，強烈推薦分量大又美味的葡國雞，點一份就夠兩個人吃。除了雞肉鮮嫩之外，特製的葡汁可

沙利文是一家低調卻知名的老字號餐廳

地　　址	南灣大馬路 512 號
交　　通	乘坐 2、5、6A、7、16、28B 號公車，南灣大馬路／時代站下車。
營業時間	11:00 ～ 23:00
官　　網	www.solmar-macau.com

說是這道招牌菜的致勝絕招，香香滑滑又帶點椰汁味道，用來拌飯，那滋味真是無法用筆墨形容呢！此外，咖哩蟹和非洲雞都又香又辣，非常刺激食慾，同樣值得大力推薦！最後，以口感細膩、甜度適中的葡式甜品木糠布丁劃上句號，這頓豐富的葡國料理實在太完美了！

刺激新奇玩意等著你
澳門旅遊塔

　　很多遊客來到澳門，不外乎是逛古蹟、血拼購物，或是到賭場碰碰運氣，不說不知，原來這裡也有不少驚險刺激的活動，正等著大家來挑戰呢！

　　澳門旅遊塔是全球排名第 21 的獨立高塔，也是澳門最高的建築物，登上旅遊塔的觀

登上旅遊塔，可以飽覽澳門景色

光層欣賞澳門的景色，或是一邊觀賞美麗的夜景，一邊坐在旋轉餐廳裡享用佳餚，是不少遊客來到這裡的必備行程。不過，如果自認膽子夠大，這裡的活動絕非這麼簡單而已喔！就像紐西蘭的天空塔一樣，此處提供了笨豬跳和高飛跳，讓遊客感受從六十幾樓飛躍而下的極速快感。若嫌這樣太刺激，還可以試試「百步登天」選擇徒手爬上塔的頂端，又或者參與「空中漫步Ｘ版」試試環繞塔頂漫步的滋味！

至於想要靜態一點的朋友，也可以選擇在購物中心閒逛，這裡有大型玩具店，也設有電影院，還有中、西式餐廳等，無論愛靜還是好動的遊客，都一定能在這裡找到適合的節目！

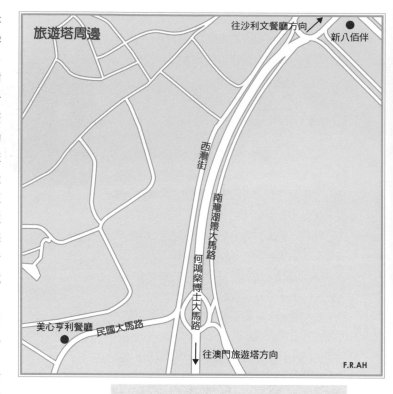

交　　通	乘坐 9A、18、23、26、32、MT4 號公車，澳門旅遊塔站下車。

必試各式葡國名菜

美心亨利餐廳

很多遊客來到澳門，都指定要到這家葡國餐廳一試！餐廳於 1976 年創業，至今在葡國餐廳中，仍是有著數一數二的重要地位。

餐廳位在西灣湖畔，單單在這優美的環境下用餐，已是大大加分了。更重要的是，這裡的葡國菜十分有水準，例如自創的辣大

地　　址	澳門西灣民國大馬路 4 號 G-H 地下
交　　通	乘坐 6B、9、16、28B 號公車，民國馬路站下車。
營業時間	11:00 ～ 23:00

蝦,鮮甜中帶香辣,味道一流。還有同樣辣味十足的咖哩蟹、非洲雞、鮮嫩可口的燒鱸魚、採用祕方炮製的燒乳鴿、香濃滋味的葡國雞等,都令客人吃得津津有味,欲罷不能!就連美國著名雜誌《American Gourmet》都曾要求餐廳提供食譜,更證明了這家食物絕對優質!

美心亨利的葡國餐非常出名

 澳門唯一的百貨公司

新八佰伴

澳門地方不大,人口也不多,所以百貨公司的數量遠遠不及鄰埠香港。這家位在南灣區的新八佰伴,是澳門唯一的百貨公司,也是很多澳門人假日購物消費的好地方。

新八佰伴樓高八層,最頂層的是美食廣場,也有一間專門販賣日韓貨品的超級市場,另外幾層分別販賣電器、寢具、廚具、衣飾、玩具、化妝品等,麻雀雖小,五臟俱全,貨品應有盡有,吃的、買的、玩的種類眾多。雖然價錢比市面上其他店家略貴,但勝在品質有保證。不少澳門人都愛全家一起前來盡享親子樂,度過一個悠閒的下午。

值得一提的是,新八佰伴每年都會舉辦幾次 VIP 日,當天多款商品,甚至包括高價電器,都會折扣出售,能以超低的價錢購買優質的商品,C/P 值甚高,不單深受本地人歡迎,最近也開始有遊客特地在當天前來掃貨。不過 VIP 日的人潮也特別洶湧,常常出現長長的人龍,想挖寶便宜貨的朋友需要有排隊等候的心理準備。

新八佰伴是澳門唯一的百貨公司

交　　通	乘坐 9、9A、18、23、28B、32 號公車,區華利前地站下車。
開放時間	11:00 ～ 22:30

沙梨頭區

　　沙梨頭區位在內港至提督馬路一帶，屬於澳門的舊區，從前娛樂場和魚欄林立，十分熱鬧，如今隨著主要口岸遷往新口岸一帶，已經熱鬧不再。可是這裡仍然保存著不少古老建築，而且還有不少著名的店家，其實是個臥虎藏龍之地呢！建議與大三巴區一同遊覽，遊完大三巴牌坊後，先到白鴿巢公園及東方基金會會址，再沿下坡路前進，抵達十月初五街，穿過十月初五街後再走一兩個街口，便會到達 16 號碼頭。

位在碼頭旁邊的十六浦索菲特酒店

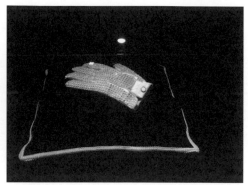

16 號碼頭的鐘樓仍保存得很好　　　　　　　十六浦索菲特酒店藏有麥可‧傑克森曾用過的手套

 曾經熱鬧一時的碼頭

16 號碼頭

　　在港澳碼頭開始營運前，內港碼頭是澳門最重要的碼頭，那時澳氹大橋還沒興建，前往離島都需要在內港碼頭搭船。目前雖然已風光不再，不過來往灣仔和澳門的船隻仍然停泊這裡，漁船也是以此為港口。內港一帶魚欄林立，也有幾家澳門已經相當少見的鹹魚店鋪，現在來到內港，還是充滿了濃厚的懷舊風情。

　　自從主要碼頭已轉往新口岸後，原本在內港附近的娛樂場也隨之遷走了，而漁業漸漸式微，這裡已大大不如從前熱鬧。為了重振這一區的經濟，澳門博彩股份有限公司配合澳門政府的活化舊區政策，在這裡興建了十六浦索菲特酒店，成為內港的地標建築，也為遊人提供了博彩、餐飲等各式娛樂。最近位在酒店的 3D 立體美術館全新開幕，以充滿澳門色彩的 3D 美術品為號召，包括了麥可‧傑克森 3D 展、澳門 3D 之旅及 3D 侏羅紀等展區，吸引了不少遊客。而內港亦比鄰十月初五街及下環街一帶，附近可以找到不少美食，而且漫步其中，能夠放慢步伐，好好感受澳門舊區的魅力，別有一番風情。

地　　　點	澳門內港
交　　　通	乘坐 1、3、4、6A、8A、18A、19、26、26A、33 號公車，內港／停車場站下車。
建議遊玩時間	1 小時

隱世美食此中尋

十月初五街

　　不知大家有沒有看過一部以澳門為背景的香港電視劇《十月初五的月光》？這部電視劇的故事場景，就是十月初五街！大家或許覺得奇怪，十月初五到底是什麼特別的日子呢？為什麼要以此為街道命名？原來十月初五是指西曆十月五日，也就是葡國國慶的日子，因為澳門曾經是葡國的殖民地，從前每逢此日都會大肆慶祝，於是就以這個重要日子作為街道的名稱。

十月初五街上的舊式茶居

　　在以前內港仍然繁華一片時，連十月初五街也特別熱鬧，可是隨著內港的風光不再，這裡便成為舊城區。雖然位在大三巴牌坊附近，但往往被遊客所忽略，只專注在大三巴一帶遊玩。其實這個舊城區充滿內涵，正等待大家來發現。

> 交　　　通 乘坐 1、3、3X、6A、16、26、
> 26A、33 號公車，海邊新街站下車。
> 建議遊玩時間　30 分鐘

　　不得不提這一帶的美食，絕對稱得上是個經濟實惠的美食天堂！很多遊客慕名而來的南屏雅敍茶餐廳，就位在這條街道上，其他著名美食還有滄州 4 澳門幣一個的蛋撻、黃枝記總店的竹升麵等，價錢都超便宜，分量既多，味道又好，人情味也濃厚，絕非旅遊旺區的店家能相比！街道上還有不少懷舊店鋪，建議遊覽完大三巴後，不妨順道來這裡走走，一邊享用 C/P 值極高的美食，一邊好好感受懷舊氛圍。

 紀念葡國詩人的公園

白鴿巢公園

　　每逢 6 月 10 日為白鴿巢公園最熱鬧的時候，因為這天正是紀念葡國詩人賈梅士的日子，而這個公園裡有一座賈梅士的紀念碑，每年都有學校帶著學生一起前來獻花。此外，這亦是澳門居民十分喜歡的休憩地點。此處鳥語花香、環境清幽，不僅綠蔭處處，還有一間黃營均圖書館，讓人可以在幽靜的自然環境中享受閱讀的樂趣。

　　公園比鄰大三巴一帶，從大三巴走路前往約需 5 分鐘，很適合在大三巴一帶走累了的遊客，來到這裡休息充電一下。

地　　點	白鴿巢前地
交　　通	乘坐 17 號公車，白鴿巢總站下車；或是 8、18、18A、19、26 號公車，白鴿巢前地站下車。
開放時間	06:00 ～ 22:00

白鴿巢公園鳥語花香，是休憩的好地點

白鴿巢公園裡的賈梅士像

曾作為別墅的典雅建築
東方基金會會址

在白鴿巢公園旁有一座典雅的建築，它就是東方基金會的會址。建於 1770 年代，這裡原本是葡國富商俾利喇的別墅，並曾經用作賈梅士的博物院，現在則成了東方基金會的會址。它雖然不對外開放，但不妨進入它的花園參觀，欣賞一下這座美麗的建築。

東方基金會環境清幽美麗

舉行婚禮的熱門勝地
聖安多尼堂

經過白鴿巢附近的聖安多尼堂時，不時會發現有新人在此舉行婚禮，這座教堂可說是澳門天主教徒舉行婚禮的熱點，最大的原因是——這裡的主保聖安多尼，正好就是天主教裡的「婚姻主保」。由於婚禮時教堂裡鋪天蓋地都是美麗的鮮花，因此教堂也得到了另一個美麗的名稱「花王堂」。

地　　點	白鴿巢公園附近
交　　通	從白鴿巢公園步行約 1 分鐘
建議遊玩時間	15 分鐘

聖安多尼堂是澳門三大古老教堂之一，建於 1560 年，也列入「澳門歷史城區」，成為世界文化遺產的一部分。鄰近大三巴和白鴿巢公園，可以一起同遊。

聖安多尼堂是澳門三大古教堂之一

交　　通	從白鴿巢公園步行約 3 分鐘
開放時間	07:30 ～ 17:30
建議遊玩時間	15 分鐘

荷蘭園區

　　荷蘭園是除了議事亭一帶之外，另一個澳門的中心地帶，店家林立、遊人如織，非常熱鬧。這也是交通要道，很多公車都會經過這裡，亦是政府規劃的文創發展中心地。建議先在雀仔園街市吃一頓豐富早餐，再朝塔石廣場出發，欣賞完廣場上的美麗建築後，接著轉向盧廉若公園和國父紀念館，最後來到二龍喉公園，搭登山纜車登上松山，再遊覽防空洞展示廊、聖母雪地殿教堂及東望洋燈塔。

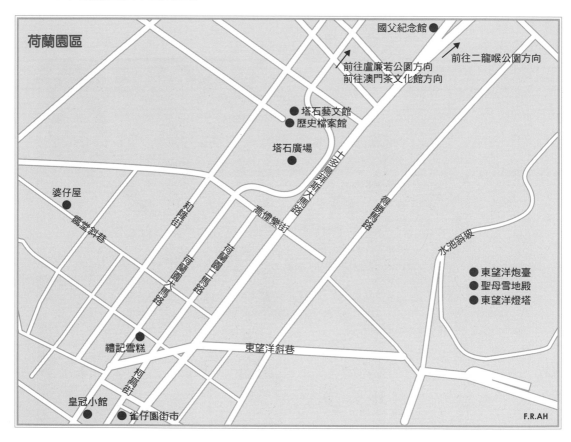

塔石藝文館充滿了藝術美感

雀仔園街市是個美食天堂

街市周邊有很多小吃攤

便宜好吃的美食集中地
雀仔園街市

　　如果想在荷蘭園一帶吃到既便宜又好吃的美食，就一定要到雀仔園街市。在街市周邊有不少美食攤販和小吃店，例如以吃家鄉小吃著名的張姐記食坊，糖水和糕點既便宜又好吃，而且分量充足，只要花上十幾澳門幣就能吃得飽飽；潮豐的炒麵和粥品同樣很讚，還有好吃的雲吞麵、糖水、越南檬粉、炒鴛鴦（即炒麵及炒河粉）等，種類繁多，總有一樣合你胃口！而且從光顧的大多是本地居民看來，就知道這些都是道地口味。早餐和午餐時間都是這裡最熱鬧的時段，要有排隊等候的心理準備喔！

| 交　　通 | 乘坐 2、2A、4、7、7A、8、8A、9、9A、12、18、18A、19、22、25、25X 號公車，在水坑尾／公共行政大樓站下車。 |

| 開放時間 | 07:30 ～ 19:00 | 建議遊玩時間 | 30 分鐘 |

必試水蟹粥和竹升麵
皇冠小館

　　澳門有很多著名的水蟹粥餐廳，這家皇冠小館是大獲好評的其中之一。一看到門口貼有多張名人留影的照片，就知道有多受歡迎了，就連電視節目《食尚玩家》的莎莎也曾光顧過呢！這裡最著名的就是水蟹粥和竹升麵，兩款美食都是真材實料，尤其是鮮甜的水蟹粥，採用的是

海蟹，肉質滑嫩，非常誘人。而竹升麵也毫不遜色，是澳門三大竹升麵之一。另外還有招牌咖哩海蟹、雲吞水餃湯等美食，實在是大飽口福啊！

地　　　址	水坑尾 310 號 A 地下
交　　　通	從雀仔園街市步行約 5 分鐘
營業時間	11:00 ～ 03:00

喜歡水蟹粥的朋友一定要去皇冠小館試試

 碩果僅存的懷舊冰室
禮記雪糕

上個世紀澳門的冰室盛極一時，但現在已漸漸被茶餐廳代替，只能成為老一輩居民的集體回憶了。澳門剩餘的冰室已經不多，能屹立到現在的，每一家都有其了不起之處。就像這家禮記冰室，提供的所有冰淇淋和其他冰品都是認真製作，就連包裝也一絲不苟，而店裡的裝潢亦非常懷舊，當中仍保留著 50 ～ 60 年代跟冰淇淋相關的物件和玩具，不少人都特意為了這獨特的風情和好吃的冰品而來。坐在充滿懷舊情調的卡式座位上，享用冰淇淋三明治、紅豆冰、香蕉船等，在炎炎夏日裡，絕對是一流的享受！

禮記是澳門著名的懷舊冰室

地　　　址	荷蘭園大馬路 12-12A
交　　　通	從雀仔園街市步行約 7 分鐘
營業時間	12:30 ～ 19:00

 婆婆到底在哪兒？
婆仔屋

在望德堂附近，有一間黃色小屋，稱為「婆仔屋」。你或許會覺得奇怪，從外面看進去，一個婆婆都沒有呀！而且這裡還不時有一些藝術展覽，一切似乎都跟「婆仔」扯不上任何關係

吧!「婆仔屋」之名到底從何而來?

原來,這裡確實曾是婆婆們的天地喔!在第二次世界大戰期間,大量難民流離失所,澳門仁慈堂於是用這間小屋來收容難民和窮人,後來這裡演變成為女性的安老院,因為住在這裡的全是年邁的老婆婆,所以又被稱為「婆仔屋」。

如今這裡已不再是安老院,婆婆都已不在了,但仍然保留著「婆仔屋」的名稱。隨著澳門政府把望德堂區規劃為發展文創的基地,「婆仔屋」也成為經常舉辦文藝活動的場所。而屋前庭院的百年老樹,更為這個充滿文化氣息的地方增添了幾分清幽。若經過時遇上有文藝活動或展覽,不妨進去看看吧!

優雅的婆仔屋是文藝創意的基地

地　　址	瘋堂斜巷 8 號
交　　通	乘坐 2、2A、5、9、9A、12、16、22、25、25X 號公車,盧廉若公園站下車。
建議遊玩時間	15 分鐘

景色如畫的休憩廣場

塔石廣場

塔石廣場原本是足球場,後來政府將其改建成廣場,成為澳門的四大廣場之一。每逢假日都有不少大型表演活動在此舉行,平時這裡則是很受居民歡迎的休憩地點。

塔石廣場上都是美麗典雅的建築

塔石廣場跟其他廣場的最大不同之處,在於周邊古色古香的建築物,包括文化局大樓、塔石衛生中心、澳門中央圖書館、歷史檔案館、塔石藝文館、澳門樂團總部、饒宗頤學藝館、澳門茶文化館共八座新古典主義建築,又稱為「八間屋」。這些美麗迷人的建築,再搭配廣場上的特色葡國碎石地面,構成一幅優美的畫面。在這個廣場上散步閒逛,欣賞四周別具特色的建築,然後再順道前往二龍喉公園登上松山,是不少遊客的指定行程。

交 通	乘坐 2、2A、5、9、9A、12、16、 22、25、25X 號公車，盧廉若公園 站下車。
建議遊玩時間	30 分鐘

塔石廣場上舖設的幾何圖案碎石地面很有歐式風情

藝術教育推廣中心
塔石藝文館

　　塔石廣場至望德堂區一帶是澳門的文創
發展區，而在廣場上的塔石藝文館，正是時常舉辦文藝展覽和講座的地方，並舉行多場工作坊，
以及和藝術有關的親子活動，節目十分豐富有趣，吸引不少民眾參加。在推動藝術教育上，展
館扮演了非常重要的角色。

　　藝文館建於 20 世紀，已有近 100 年的歷史了！外牆以紅、黃色為主，色彩鮮豔而美麗，擁
有貝殼窗櫺、木製百葉窗及羅馬式拱型大門，充滿了歐洲的新古典主義風格。展館本身就是一
座文化藝術的傑作，並被列為法定文物建築之一。

交 通	從塔石廣場步行約 1 分鐘
官 網	www.macauart.net/ts
建議遊玩時間	15 分鐘

寶貴歷史檔案珍藏
歷史檔案館

　　想了解澳門的歷史，閱讀珍貴的澳門歷
史書籍材料，那就要來歷史檔案館！它的最大

塔石藝文館是藝術教育的基地

使命，便是收集、整理、保存和保護具有歷史價值的檔案資源。經過檔案館的多年努力，收藏
了 5 萬餘案卷、7 萬多幅圖像、1 萬餘冊書刊資料。最早的館藏可追溯到 1630 年，館內檔案包
括了市政廳、民政廳、財政廳、教育廳等多個範疇。

歷史檔案館裡珍藏著很多寶貴的歷史資料

交 通	從塔石廣場步行約 1 分鐘
官 網	www.archives.gov.mo
建議遊玩時間	15 分鐘

　　為了推動歷史資料的善用，檔案館設有閱覽室，可供在此閱讀珍貴的歷史資料，對檔案館的工作感興趣的朋友，也可以申請預約參觀，會有專人導覽，讓大家更清楚檔案館的運作。檔案館亦時常會舉行與澳門歷史文化息息相關的講座，例如澳門漁業和造船工業講座等。

 孫中山先生故居

國父紀念館

國父紀念館是孫中山先生的故居

　　國父孫中山先生曾經在澳門行醫，因此有不少地方仍然遺留著與他生平息息相關的事物，例如他曾經行醫的鏡湖醫院，以及這座國父紀念館。

　　這座建築建於 1918 年，是由孫中山先生的兄長斥資興建，作為孫中山先生和其家人的住所。直到 1932 年，國父的子孫和他的元配妻子盧慕貞都一直住在這裡。在盧慕貞過世後，於 1958 年改名為「國父紀念館」。

交 通	乘坐 2、2A、5、9、9A、12、16、22、25、25X 號公車，盧廉若公園站下車。
建議遊玩時間	30 分鐘

　　紀念館的一椅一桌、一磚一瓦都保存得非常好，大部分地方都保留著當年的原貌，也有展出孫中山在澳門行醫時的物品，起義時所用到的器具等，大家還可以一睹國父的筆墨真

跡和生前照片,展品非常豐富。

除了參觀展館之外,館內還設有閱覽室,可以在此閱讀和國父有關的書刊。

盧廉若公園池塘中心的宅第

公園內的典雅門樓

澳門唯一蘇州式園林

盧廉若公園

　　亭臺樓閣、假山石林,是蘇州園林的特色,這美麗的景致其實不僅能在蘇州找到,在澳門的盧廉若公園,也可以感受到優雅的蘇州園林風情。

　　盧廉若公園,又名「盧園」或「盧九公園」,是當地居民十分熱愛的休憩地,經過時常常會傳出居民悅耳的粵曲歌聲。此外,更難得的是,這裡還是澳門唯一具有蘇州園林特色的花園,更是「澳門八景」之一呢!

　　除了淙淙流水、處處石林之外,盧園的最大特色,絕對要數那迷人的荷塘美景莫屬!花園中心是一座黃色宅第,門外是一個小小的池塘,盛夏時分,整個池塘蓮花盛放,在河塘上彎彎曲曲的九曲橋走著,會聞到一絲絲清幽的花香,看到一朵朵純潔的蓮花於池塘上留下的倩影,此情此景真是讓人滴酒不沾人也已醉。如果在中秋來到,更能見到點點花燈的燭光在林中搖曳,又構成了另一番美景。在不同的季節到來,盧園都會披上充滿當季特色的衣裳,各具風采!

交　　通	乘坐 2、2A、5、9、9A、12、16、22、25、25X 號公車,盧廉若公園站下車。
建議遊玩時間	30 分鐘

茶文化館陳設優雅古樸

館內重現了舊式茶樓的風貌

增長茶文化知識

澳門茶文化館

　　品茶是中國文化的重要部分，在西方文化中也同樣不可或缺。澳門茶文化館是澳門首間以茶為專題的主題展館，不僅從發掘茶道在中國的文化底蘊出發，更結合中西的茶文化，讓遊客對茶有更深入的認識。

　　光看茶文化館的外觀，已深深感受到中西文化融合的特色。展館是由建築師馬若龍設計，既擁有西方的建築意念，亦加入了中國的建築特色──以瓦片作為屋頂，突顯了茶文化的中西交流這個重要主題。

　　展館樓高三層，1樓以展示珍貴的茶文化遺產為主，包括多種與茶有關的展品，如茶詩、茶聯、茶畫、茶樓、茶莊、茶社、茶館、茶亭、茶商、茶人、茶藝，以及茶俗等，令人大開眼界。更讚的是，只要更上一層樓，香噴噴的茗茶已在等著你！在看完大量關於茶文化的資料後，再品嘗一杯甘美的茗茶，格外有感受。

交　　通	位在盧廉若公園內

可坐纜車登上松山

二龍喉公園

　　澳門並沒有大型動物園，但仍有一些可以與動物拉近距離的小天地，二龍喉公園就是其中之一。它又稱為「何東公園」或「兵頭公園」，位在松山的山腳，是澳門半島唯一擁有動物園的公園。

可在公園門口的纜車站搭纜車登上松山　　　　　　公園裡最受歡迎的動物明星黑熊——寶寶

　　門口的噴泉是公園的標誌，也是公園的名字來源。從前甚至有居民在這個噴泉取水飲用，但現在噴泉已枯乾。除了標誌性的噴泉之外，公園的鎮園之寶，當然是已在澳門居住多年的黑熊——寶寶。多年前被非法走私，黑熊差點成為了盤中物，卻因為破獲了走私案而得救，最後定居於這個公園裡，一直都是澳門居民心中的寶貝，也是伴著大家成長的珍貴回憶。如今黑熊已年邁，不如從前活躍，睡覺的時間也增多，可是仍不減民眾對牠的喜愛。若來到二龍喉公園，一定要探訪一下這位動物明星喔！

　　除了黑熊之外，公園還飼養了其他動物，如猴子、鳥類、烏龜、金魚等，園內鳥語花香、環境優美，很適合在此充電休息。公園門口處更設有登山纜車，是全世界最短程的纜車，登車後約 2 分鐘便會到達松山，十分方便，替遊客省下不少腳力，很多人的松山之旅都是從這裡開始呢！而且纜車收費不貴，幾澳門幣便包括來回程，當然要搭搭看啦！

地　　點	士多鳥拜斯大馬路
交　　通	乘坐 2、2A、6A、12、17、18、18A、19、22、23、25、25X、32 號公車，二龍喉公園站下車。
開放時間	08:00 ～ 18:00，纜車週一休息。　建議遊玩時間　30 分鐘

風景優美的軍事堡壘

東望洋炮臺

　　為了抵抗海盜，澳門有不少堡壘要塞和炮臺，之前介紹過的大炮臺是其中之一，另外一座

1 2 3

1 昔日的堡壘，如今成為美麗的風景
2 昔日的防空洞，現已開放大眾參觀
3 防空洞內行軍用的器具

便是位在松山之上的東望洋炮臺。它又稱為「松山炮臺」和「東望洋山炮臺」，是澳門半島最高的古老炮臺，也是澳門現存最古老的炮臺之一，亦屬於「澳門歷史城區」的一部分，世界文化遺產之一。

炮臺於 1867～1868 年間興建，歷史非常悠久，因為位在澳門最高處，可以居高臨下，對防禦和觀測工作都非常有利。在海盜猖獗的時代，這座炮臺連同媽閣炮臺和柿山的大炮臺，組成一道堅固的防線，共同肩負起保衛澳門的任務，具有非常重要的軍事價值。

炮臺附近還有不少防空洞，其中一個已作為防空洞展示廊，開放給大眾參觀。防空洞面積雖然不大，但卻透過圖片和行軍器具設施，如發電機、貯油池、發電機、休息室等，把從前防空洞的真實情況重現眼前，具體展示了從前行軍的艱苦生活。

 融合中西風格的珍貴壁畫

聖母雪地殿

登上松山，除了參觀歷史悠久的炮臺之外，當然也不能錯過炮臺旁的小教堂——聖母雪地殿教堂。因為整座教堂以白色為主調，看起來就像白雪一樣純淨，小巧而美麗。雖然這只是一個小小的教堂，可是裡面卻收藏著藝術價值甚高的寶物，想知道是什麼嗎？一起進去看看吧！

教堂建於 1622 年，曾有過一段傳奇故事，相傳當年荷蘭入侵澳門，在槍林彈雨中，聖母

東望洋炮臺及聖母雪地殿，教堂加上燈塔，這畫面實在太美了

曾經親自步出教堂，張開斗篷抵禦槍炮。直到現在，教堂仍然供奉著雪地聖母，還有護衛航海的聖人若翰洗者。

　　因為同時受中國和葡國的文化影響，中西文化交融一直是澳門的最大特色，也充分體現在這座教堂上。仔細看看教堂的壁畫，會發現除了常見的聖母瑪利亞、充滿西方色彩的獅子和雙頭鷹之外，竟然還能找到極具東方色彩的牡丹花，這項特色在華南地區的教堂絕對是非常罕見的！雖然歷經歲月摧殘，但在澳門文化局的努力下，壁畫修復得非常好，顏色和線條依舊十分清晰，可看出壁畫製作得非常細緻精美，而為了保護這珍貴的壁畫，在教堂內一律不准拍照錄影。

交　　通	從東望洋炮臺步行約 1 分鐘
建議遊玩時間	15 分鐘

指引船隻的明燈
東望洋燈塔

　　即使現今科技發達，已有多種設備幫助夜行的船隻導航，但在晚間乘船時，仍是會發現一道強光，從不間斷地為船隻指引方向。這道引領船隻的光線，就是來自松山上的東望洋燈塔。

　　燈塔建於 1864 年，由一位土生葡人建築師設計，是中國沿海最古老的現代化燈塔。原本靠一盞火水燈發光，但後來經過風暴再次重建，採用了電氣化的運作，成為現在的模樣。從前雷達並不普及，進入澳門的船隻都要靠它指引方向，才可以安全抵達，故此燈塔對澳門的航海有著很重要地位。時至今日，雖然重要性已不如從前，但這座外觀優雅的燈塔仍然深受歡迎，與它旁邊的聖母雪地殿教堂一起被列入「澳門八景」之一，也屬於被列為世界文化遺產的歷史城區一部分。

東望洋燈塔，在 5 月 18 日那天可以登上燈塔，看看引導船隻的大明燈

　　燈塔平時並不對外開放，若想入內一探，可以在每年 5 月 18 日的港務局日前來，這天燈塔會開放給民眾參觀。只要沿著一條窄小的螺旋梯走上去，經過兩個樓層後，便會到達塔頂。塔頂有一盞巨型射燈，也就是引領船隻航行的光源！

交　　通	從東望洋炮臺步行約 1 分鐘
建議遊玩時間	15 分鐘

高士德區

　　高士德區包括了高士德大馬路、新橋、三盞燈一帶。這裡是澳門的購物區，店家林立，人來人往，十分熱鬧。建議先到新橋和紅街市逛街購物，走累了再到三盞燈區享用美味小吃。由於高士德區和荷蘭園區很接近，可以把這兩區安排在一起同遊。

多種美味小吃林立的市集

三盞燈區及新橋

　　如果是不折不扣的饕客，在安排澳門的行程時，一定要記得把三盞燈和新橋區列入，因為這裡根本就是個美食天堂！

　　要找到這個區域並不困難，它有一個容易確認的標誌，就是那擁有三個燈泡的燈柱！其實

這幾盞街燈是三盞燈區的標誌

仔細看，會發現這裡不只三盞燈，而是應該有四盞，但因為那三盞最為顯眼，所以這區便以此命名。

　　來到三盞燈區，當然不能不試試這裡的特色美食緬甸麵啦！由於這裡是緬甸華僑的集中地，有不少以緬甸麵食為主的餐館，當中最著名的為雅馨和雅香的椰汁雞麵和魚湯粉，還有其他店家的撈麵（即拌麵）也毫不遜色喔！如果膽子夠大，又想嘗試新奇的食物，這裡還有一種終極美食在等著遊客前來挑戰，那就是——東京小食店的豬腦麵。每個豬腦都清洗乾淨，沒有任何血絲，可怕程度大大降低，而且很多遊客吃過都讚味道很好，就看你有沒有膽量嘗試了。

　　除了緬甸麵之外，三盞燈和新橋區還有不少熟食小攤，千萬別小看這些攤販，它們都十分受當地居民歡迎！例如遠近馳名的馮記豬腳薑，還有隔鄰的溫記糖水和茶粿湯，都是值得一試的小吃。從三盞燈區步入新橋的義字街，也會發現許多道地小吃，如砵仔糕、傳統包點，還有香噴噴的晶記金錢餅等。總之，來到這裡的重要任務就是——吃！吃！吃！

三盞燈附近還有一條有很多水果攤販的「生果街」

紅街市是全澳門最美麗的市場

紅街市是唯一被列入澳門文物名錄的市場

澳門最美的市場

紅街市

　　在澳門多個街市中，紅街市可說是最美麗、最吸引人的一處，因為以鮮豔的紅色為主調，是唯一被列入澳門文物名錄，作為擁有藝術價值的建築物而備受保護的市場，由此可見其外觀有多美了！

　　街市的外牆是非常有特色的紅磚，配合每個角落處的塔樓，以及充滿現代主義和裝飾的建築風格，組成非常獨特典雅的結構。這是高士德、雅廉訪附近唯一的街市，所以也非常熱鬧。在街市周邊有非常著名的舊式茶樓——龍華茶樓，還有充滿歷史風情的窄巷——松花崗，而且也鄰近新橋及三盞燈區，可以一起同遊。

地　　點	高士德大馬路和提督馬路交界
交　　通	乘坐 6A、23、32 號公車，高士德／紅街市站下車；或是 5、9、9A、25、25X 號公車，高士德／亞利雅架站下車。
開放時間 07:30 ～ 19:30	建議遊玩時間　30 分鐘

別具風味的舊式茶樓

龍華茶樓

就像冰室一樣，舊式茶樓在上世紀曾經歷過輝煌的年代，那時多間著名茶樓林立，十分熱鬧，可惜隨著新式酒樓興起，舊式茶樓已越來越少了。如果想好好懷舊一番，感受這些茶樓的古老情懷，有一個地方非去不可，那就是位在紅街市附近的龍華茶樓。

龍華茶樓不僅擁有懷舊又好吃的點心，裝潢也保留著當年的一磚一瓦、一桌一椅，在這裡用餐，步調亦會跟著緩慢悠閒起來，彷彿有種穿越時光隧道的感覺。唯一和以前不同的，就是那已漲了不知多少的價錢。不僅點心不便宜，茶位收費也貴得不合理。如果想嘗試這股懷舊風情，還得有荷包出血的準備呢！

龍華茶樓是澳門少數僅存的舊式茶樓

地　　址	提督市北街 3 號
交　　通	從紅街市步行約 1 分鐘
營業時間	06:00 ～ 14:00

望廈區

望廈區連接著高士德區和北區，包括了望廈山和美副將一帶，這區最著名的景點是觀音堂，如果和孩子一起親子旅遊，也可以到通訊博物館玩玩。

 中美望廈條約簽訂之地

觀音堂

觀音堂又名「普濟禪院」，與媽閣廟和蓮峰廟並列為澳門三大古廟，是澳門最具規模的廟宇，也是「澳門八景」之一。於 1627 年建成，屬於中國古篆飛式建築風格，充滿明清兩朝南方廟宇的特色。由三座主體建築構成，包括大雄寶殿、長壽佛殿和觀音殿。

除了宗教用途之外，這座寺院還相當有歷史和藝術價值。在寺院的殿堂展示著歷代名僧和許多著名書畫家的真跡，例如嶺南畫派的關山月，還有章太炎的作品等。

觀音堂是澳門的三大古廟之一

觀音堂神聖莊嚴

花園內簽署望廈條約的石桌

另外，值得一提的是，禪院還擁有一張非常具歷史意義的石桌，就是當年美國外交官顧盛和兩廣總督愛新覺羅耆英簽訂不平等條約《中美望廈條約》的地方，現在在石桌旁有一石碑，陳述著這段事件。

地　　點	美副將大馬路
交　　通	乘坐 12、17、18、23、28C 號公車，觀音堂站下車；或是 5、5X、22、25、25X 號公車，愉景花園站下車。
開放時間	10:00 ～ 16:00
建議遊玩時間	30 分鐘

寓學習於遊戲
澳門通訊博物館

如果想在澳門來一趟親子旅行，很推薦帶孩子一起來這個集知識與娛樂於一身的通訊博物館參觀。博物館的最大目的是透過遊戲和實驗，加深大家對電訊範疇的科學知識，以及對澳門郵政的認識，一直都深受孩子和家長歡迎。

博物館共分為兩層，在 1 樓大家可以接觸到與澳門郵政相關的各種資訊，這裡還有幾個大大的展示櫃，收藏著成千上萬的美麗郵票，尤其適合對集郵有興趣的朋友！此外，最特別的是，這裡還有郵票 DIY 的體驗，館方準備了所有自製郵票的器具，大家可以設計屬於自己、獨一無二的郵票，既可以玩又可以增加對郵票的認識，實在是一舉兩得。

1 2 3 4 / 1 通訊博物館裡展示著郵政相關展品 2 館內珍藏著多款珍貴的郵票和首日封
3 大型的電話交換機，讓人大開眼界 4 館內展示著典雅的古董電話

　　登上 2 樓，就是大家一展身手的時間，館方貼心地以電磁、靜電、直流電、交流電、電報、電話、無線電廣播、資訊處理、傳輸、模擬電子和數碼電子等科學知識為主題，設計出各種適合一家大小的互動實驗和小遊戲，透過親自動手操作，加深對各種電子通訊範疇知識的印象。

　　不僅孩子在這裡玩得開心，大人也從中學到不少知識，全家大小都度過了一個充實的下午。

地　　址	馬交石炮臺馬路 7 號	收　　費	成人 10 澳門幣，學生 5 澳門幣，3～9 人團體每位 8 澳門幣，10 人以上團體每位 7 澳門幣，65 歲以上及 3 歲以下免費。
交　　通	乘坐 2、2A、6A、18 號公車，電力公司站下車。		
開放時間	09:30 ～ 17:30	官　　網	macao.communications.museum
休　　息	週日、週一、農曆新年頭三天休館。	建議遊玩時間	1 小時

昔日的軍事重地

望廈山公園

地　　點	美副將大馬路
交　　通	乘坐 5、5X、17、23、25、25X 號公車，望廈炮臺站下車。
開放時間	全日
建議遊玩時間	30 分鐘

　　澳門的公園大多建在繁忙的街道中心，目的是為市民提供休憩場所，但望廈山公園卻與眾不同，第一，它是位在望廈山上；第二，它原本是一處天然樹林，而且還是軍事重地。

　　從前的望廈山原本是炮臺堡壘，此處的炮

123 ／ 1 望廈山公園 2 培育旅遊業人材的澳門旅遊學院 3 價廉物美的住宿——望廈賓館

臺是實施殖民統治後，澳門的第一所炮臺，炮臺朝向中國，附近還有火藥庫和觀察臺。這一帶是非裔葡兵的營地，後來曾用作軍營、賓館，後來開發成旅遊學院，並把這個區域改建為公園。現在來到望廈山公園，炮臺仍然威風凜凜地佇立著，但僅供參觀，已失去了軍事功能。至於公園內另一處重要建築——澳門旅遊學院，是為澳門旅遊服務業培育人才的高等學府。學院還附設餐廳和賓館，不僅為學生提供實習機會，也為旅客提供價錢合理、水準很高的餐飲和住宿。

充滿創意的藝術天地
牛房倉庫

牛房倉庫是孕育不少藝術創作的地方

喜歡藝術的朋友，除了可以到望德堂區和婆仔屋參與文創活動之外，也可以到牛房倉庫看看。這座外觀平凡的小屋子，其實是個非營利組織，成立目的是推廣澳門的藝術教育，為藝術創作者提供發揮空間。倉庫會不定時舉辦各種藝術活動，例如兒童藝術綜合繪畫班、兒童藝術樂園展等，集合了工作坊、展覽、講座，音樂會，再加上自行製作的出版物和影像作品等，以推動澳門的藝術發展。如果對藝術活動有興趣，可以在出發前先查詢一下倉庫的官方網站，看看最新的活動資訊。

地　　點	美副將大馬路與提督馬路交界，市政狗房側
交　　通	乘坐 5、5X、22、25、25X 號公車，市政狗房站下車。
開放時間	12:00 ～ 19:00
官　　網	oxwarehouse.blogspot.com

北區

北區是澳門和珠海連接的區域,主要包括筷子基、青洲、臺山、關閘馬路一帶。這裡雖然景點不多,但由於和珠海緊密連接,如果想把澳門和珠海一起排進行程,建議可以順道來北區逛逛。

北區

往關閘方向

巴波沙大馬路

關閘馬路

青洲大馬路

巴朗古將軍大馬路

提督馬路

林則徐紀念館、蓮峰廟

澳門逸園賽狗場

F.R.AH

賽狗是一種另類的賭博方式

別開生面的狗賽跑
澳門逸園賽狗場

　　大家都知道賽馬，但是否曾看過賽狗呢？原來這種特別的賭博方式在澳門已行之有年。這個賽狗場於 1931 年開始啟用，五年後曾停辦，在 1961 年又復辦，一直經營至今，現在每逢週一、週二、週四、週六、週日都有賽事，吸引不少居民和遊客參與。

　　賽狗採用的是擅長跑步的格雷伊獵犬，為了讓狗隻跑動，在比賽開始時，會有一隻作為獵物的電動兔子閃過，當電兔閃過時，飢餓的狗兒也會出籠，朝著獵物狂奔。由於狗隻速度太快，往往會一閃而逝，一場賽事只需要 20 多秒就結束，真是非常緊張刺激。即使不參與賭博，也極具可看性，但要注意的是，因為活動有賭博性質，未成年者是不准入內的。

地　　點	白朗古將軍大馬路
交　　通	乘坐 1、3、7、7A、9、9A、16、23、25、25X 號公車，白朗古將軍大馬路站下車。
官　　網	www.macauyydog.com/index.php
建議遊玩時間	30 分鐘，週一、週二、週四、週六、週日均有賽事。

見證毒品的禍害
林則徐紀念館

　　澳門曾作為鴉片運輸的港口，也是林則徐宣布禁止外國人販賣鴉片的地方，為了紀念這個事件，蓮峰廟慈善值理會在蓮峰廟的空地建立了林則徐紀念館，向大家宣揚毒品的禍害，並介紹林則徐禁毒的英雄事蹟。

　　在進入紀念館前，首先映入眼簾的，是一座宏偉的林則徐像，這座銅像由著名雕塑家唐大禧和林彬共同製作，從銅像可見林則徐威嚴正義的形象。館內有 200 多件展品，包括了虎門銷煙、澳門昔日風貌的照片，以及吸食鴉片的用具、運送鴉片的船隻模型，還有林則徐接見外國官員的真人大小模型等。參觀完後，可以見證鴉片煙造成的禍害，並且對禁煙歷史有更深的認識。

地　　　點	提督馬路蓮峰廟內
交　　　通	乘坐 1、3、3X、5、9A、25、27 號公車，三角花園站下車；或是 1A、8、8A、10、28B、28BX 號公車，拱型馬路／蓮峰廟站下車。
開放時間 09:00 〜 17:00	休　息　週一
收　　　費	本地居民 5 澳門幣，遊客 10 澳門幣。
建議遊玩時間	30 分鐘

1 2 ／ 1 林則徐紀念館見證了毒品的禍害
2 館外佇立著林則徐的銅像

別具歷史意義的廟宇
蓮峰廟

　　蓮峰廟初建於 1592 年，主要供奉天后娘娘，從前又名為「天妃廟」，是澳門的三大古老廟宇，也是澳門唯一設有學校的寺廟。寺廟曾經歷多次重修，才演變成今日的模樣。

　　寺廟具有特別的歷史價值和意義，清朝期間欽差大臣林則徐和兩廣總督鄧廷楨來到澳門巡視時，就是在這裡接見澳葡理事官，宣布自此禁止銷售鴉片，並驅逐鴉片販子，而為了紀念此事，特別興建了林則徐紀念館。

　　寺廟也有重要的珍藏，包括 1848 年葡萄牙人進占關閘開闢馬路時所置的石塊，還有一幅展示著歷史和神話的浮雕等。

地　　點	提督馬路
交　　通	乘坐 1、3、3X、5、9A、25、27號公車，三角花園站下車；或是 1A、8、8A、10、28B、28BX 號公車，拱型馬路／蓮峰廟站下車。
開放時間	06:30 ～ 18:00
建議遊玩時間	30 分鐘

蓮峰廟是澳門的三大古廟之一

珠海、澳門一閘之隔
關閘

　　關閘是澳門通往珠海的關卡，來到這裡，會看到一道真正的閘門佇立在此。這道淡黃色的閘門於 1574 年建成，外觀優雅美麗，是一座中式城樓，本來門楣寫著「關閘門」幾個大字，現在這塊石碑鑲嵌在民政總署大樓內。

　　從前澳門的車輛和居民要離開澳門進入珠海，都要穿過這道閘門，後來在這一帶建造了關閘邊境大樓，關閘門樓也就失去了邊境作

澳門和珠海就只是一閘之隔

用，現在則作為一座象徵式建築。而閘門前亦已開闢成廣場，地下則作為行車隧道和公車總站之用。因為往來珠、澳的人很多，所以這裡也是澳門人潮最洶湧的地方之一，在重大節日遇到入境高峰時還會實施人流管制呢！

交　　通	乘坐 1、3、3A、5、9、9A、10、10B、10X、16、17、18、25、25F、25X、27、28C、30、34、AP1 號公車，關閘總站下車。
建議遊玩時間	15 分鐘

Part
3

主題行程

一次看遍澳門八景

　　澳門雖然面積小巧，卻五臟俱全，有美景、古蹟、市集、豪華酒店、博物館等，而且還有著名的「澳門八景」。「澳門八景」是澳門最具代表性，也最美麗迷人的八個景色，由澳門歷史學會、澳門攝影學會等八個團體在 1992 年所選出。在規劃行程時，不妨將它們安排其中，一次看遍這著名的「澳門八景」吧！

 第一景
燈塔松濤

　　是指位在松山的東望洋炮臺和燈塔。這裡是澳門除了大三巴牌坊之外，最具代表性的景色。燈塔的外型非常古典優美，旁邊是小巧精緻的聖母雪地殿教堂，組成一幅如詩如畫的美景。

美麗的燈塔佇立在松山之上

行程安排

　　先在玫瑰咖啡室享用早餐，再遊覽國父紀念館、盧廉若公園、二龍喉公園，接著搭纜車登上松山，行程約需一個上午。

第二景

鏡海長虹

　　連接澳門和氹仔之間有嘉諾庇澳氹大橋、友誼大橋和西灣大橋，鏡海長虹是指前兩者。兩座大橋就像彩虹一樣跨過大海，在晚上因為橋上都亮了燈，五光十色、燈光璀璨，看起來更加迷人。

亮了燈的大橋更添壯麗

行程安排

　　先遊覽葡京酒店、新葡京酒店、永利酒店、美高梅酒店、賽車博物館等景點，遊畢後晚上前往觀音像附近，就可以看到美麗的鏡海長虹。

廟內每座建築物都充滿了濃厚典雅的東方色彩

廟內的石上刻有彩色帆船

 第三景

媽閣紫煙

　　媽閣廟信徒眾多，香火鼎盛，在充滿東方色彩的古典廟宇中，紫煙絲絲升起，宛如置身仙境。

行程安排

　　以媽閣為起點，接著參觀海事博物館，再前往港務局、亞婆井前地、鄭家大屋、主教山一帶，行程約需一個上午。

第四景

普濟尋幽

普濟禪院即著名的觀音堂，除了廟宇之外，還有一個幽靜美麗的小花園，花園裡有簽訂《中美望廈條約》的石桌子，還有歷史悠久的連理樹，在古老寺廟裡尋幽探祕別有風情。

在禪院的花園探祕，充滿樂趣

行程安排

可以安排和通訊博物館同遊，遊畢後再前往三盞燈、新橋區等處購物及享用美食，行程約需 2~3 小時。

花園裡歷史悠久的連理樹

花園裡可看見簽訂《中美望廈條約》的石桌子

第五景

三巴聖跡

即澳門人的象徵建築物——大三巴牌坊，就像中國牌坊一樣的教堂前壁，再搭配上長長的階梯，景色十分優美，也是最能代表澳門的畫面。

大三巴的外型就像中國的牌坊

門壁上仍保存著很精細的雕刻

大三巴階梯下代表中葡友好的銅像

行程安排

　　與大炮臺、澳門博物館、哪吒廟、戀愛巷同遊，然後再前往盧家大屋、玫瑰堂、議事亭前地等，更可以在營地街市美食中心享用午餐，行程約需一個上午。

第六景

盧園探勝

　　盧廉若公園的蘇州園林優雅美麗，最美的一幕是——盛夏到來時，蜿蜒的九曲橋在開滿荷花的池塘上留下倩影。

盛夏的盧園，池塘、荷花和曲折的小橋構成如畫的美景

行程安排

　　可以和東望洋燈塔等一起同遊，行程見「燈塔松濤」。

第七景

龍環葡韻

　　龍環葡韻是氹仔景色最秀麗的地方，綠色的典雅小屋充滿葡國風情，整個區域就如同歐風小鎮，再加上孕育了多種生命的紅樹林，風光如畫，是很多新人拍攝婚紗照的熱點。

龍環葡韻擁有多座優美建築，景色秀麗

龍環葡韻附近的紅樹林，孕育了不少生命

行程安排

　　可以先逛官也街、地堡街，參觀路氹歷史館，然後再到龍環葡韻，遊畢後還可以繼續到銀河酒店、威尼斯人酒店、新濠天地等繼續行程，約需半天時間。

 第八景

黑沙踏浪

　　在充滿特色的黑沙海灘上，吹著海風，踏著海浪漫步，觀看天海一色、浪濤拍岸的美景，實在是賞心樂事。

在黑沙海灘上踏浪，別有一番風情

行程安排

　　先到路環聖方濟各教堂和譚公廟參觀，品嘗安德魯的葡撻，在路環市區漫步，然後搭公車到黑沙海灘，遊畢後可以在入口附近的法蘭度葡國餐廳享用晚餐，行程約需一個下午。

　　有人或許會問，澳門八景遍布各區，怎樣才能全部安排進行程裡呢？這裡有一個為此特別設計的行程，大家可以參考一下喔！

第一天
普濟尋幽 ▶ 三盞燈和新橋區購物

第二天
三巴聖跡 ▶ 大炮臺 ▶ 澳門博物館 ▶ 哪吒廟 ▶ 戀愛巷 ▶ 盧家大屋 ▶ 玫瑰堂 ▶ 議事亭前地

第三天
官也街 ▶ **龍環葡韻** ▶ 銀河酒店 ▶ 威尼斯人酒店 ▶ 新濠影匯 ▶ 黑沙踏浪

第四天
國父紀念館 ▶ **盧園探勝** ▶ 二龍喉公園 ▶ **燈塔松濤** ▶ 葡京酒店、新葡京酒店 ▶ 永利酒店 ▶ 美高梅酒店 ▶ 賽車博物館等景點 ▶ 鏡海長虹

第五天
媽閣紫煙 ▶ 港務局 ▶ 亞婆井前地 ▶ 鄭家大屋 ▶ 主教山

美食小吃掃街祕笈

來到澳門旅遊，當然不能錯過這裡的美食啦！澳門是一個美食天堂，滿街都是小吃店和餐廳，選擇多不勝數，更重要的是價錢並不算貴，味道也很道地。澳門著名的美食有很多，例如：葡撻、豬扒包、杏仁餅、葡國料理、傳統糕餅、粥品、竹升麵等，全都非常好吃！但澳門的餐廳食店這麼多，該怎樣選擇呢？在此提出一些攻略，設計一個以吃為主的行程，並介紹每一種美食最值得推薦的店鋪，供大家參考。

 第一天

議事亭前地　▶ 營地街市美食中心（勝記咖啡、平記煲仔飯）　▶　玫瑰堂　▶
大堂巷（恆友魚蛋及檸檬車露冰淇淋）　▶　大三巴牌坊　▶
蕃茄屋葡國料理（賣草地上坡路直上）

 第二天

旅遊塔　▶　葡京及新葡京酒店　▶　永利酒店　▶　美高梅金殿酒店　▶
佛笑樓（新口岸分店，在美高梅附近）　▶　賽車博物館及葡萄酒博物館　▶
金蓮花廣場　▶　漁人碼頭　▶　賈梅士葡國餐（漁人碼頭內）

 第三天

官也街（沛記核桃蛋糕、莫義記大菜糕）　▶
地堡街（新好利鮮奶撻、沙度娜木糠布丁）　▶　龍環葡韻　▶　威尼斯人酒店
▶　新濠天地　▶　新濠影匯　▶　路環市區　▶ 安德魯葡撻　▶　聖方濟各教堂
▶　譚公廟　▶　雅憩葡國餐廳（聖方濟各教堂前廣場）

第四天

福隆新街（添發碗仔翅、祥記麵家、成記粥品、麥師傅甜品）▶

崗頂劇院、聖奧斯定教堂及何東圖書館 ▶ 聖若瑟修院 ▶ 聖老楞佐教堂

▶ 新肥仔記湯麵（聖老楞佐教堂對面） ▶ 鄭家大屋 ▶ 亞婆井前地 ▶

主教山 ▶ 港務局 ▶ 媽閣廟 ▶ 海灣葡國餐廳

特 輯　各式美食推薦店鋪

葡撻：

　★安德魯——葡撻的鼻祖店，一直以來葡撻的品質穩定，而
且服務也很不錯，絕對是澳門葡撻的 No.1 ！

　◎地址：路環打纜街 105 號

剛出爐的安德魯葡撻最好吃了

豬扒包：

　★玫瑰——這是我個人很推薦的私房店，知道這家店的遊客不多，麵包烤得非常好吃，
而且價錢很合理。

　◎地址：士多鳥拜斯大馬路 23 號地下（二龍喉公園附近）

　★金馬輪——另一家豬扒包名店，豬扒的分量很足，價錢也合理。

　◎地址：營地大街 50 號（營地街市附近）

金馬輪的豬扒包分量十足

玫瑰的豬扒包外脆內軟

杏仁餅：

★最香——吃過許多家的杏仁餅，始終覺得最香是最好吃的！除了粒粒杏仁之外，更有傳統的肉心杏仁餅，價錢也不貴，深受許多本地人推薦！

◎地址：新馬路夜呣街 12 號 B 地下 A 座

最香是杏仁餅中的 No.1

肉切酥：

★晃記——説起肉切酥，相信許多人都覺得必推晃記，門口終年都有長長的人龍，想買肉切酥還要耐心排隊等候呢！

◎地址：氹仔官也街 14 號

燉奶：

★保健——很多人都會光顧義順，但似乎太貴了些，個人較偏愛保健，薑汁撞奶和燉蛋都既便宜又好吃！

◎地址：福隆新巷 4 號

傳統糕點：

★張姐記——這也是遊客較少，但很受本地人歡迎的人氣店，販賣各式家鄉點心，像糯米糍、白田、西米盞、雞屎藤餅等，每一款都非常便宜可口，C/P 值極高！

◎地址：柯高街 30 號

★何開記——澳門的老字號，最推薦很有特色的甜腸粉，還有很多人吃過都讚不絕口的白糖糕！

◎地址：高尾街 2 號

竹升麵：

★祥記麵家——電視曾訪問過的名店，也是澳門的老字號，福隆新街的人氣店。

◎地址：福隆新街 68 號地下

★黃枝記——老字號的竹升麵店，很多遊客來澳門都必會一試，竹升麵的水準很高，只是價錢也較貴。

◎地址：新馬路議事亭前地 17 號

粥品：

　　★三元粥品——最馳名的就是肉丸粥，肉丸都是自家製的，肉汁豐富又彈牙可口，好吃。

　　◎地址：福隆下街 44 號地下

　　★成記粥品——很有人氣的街邊小攤，粥品超級好吃，老闆態度親切，絕對值得一試！

　　◎地址：營地大街吳家圍

　　★椿記——最著名的是拆魚粥，是用新鮮的鯽魚製作，無論味道和分量都令人吃得很滿足！

　　◎地址：姑娘街 2A

成記的肉丸粥十分有水準

糖水：

　　★麥師傅——販賣多種糖水，每一款都解渴清新，尤其是楊枝甘露特別好喝！

　　◎地址：福隆新街 32 號

　　★李康記——這家的豆腐花超好吃，是我認為最好吃的一家，而且價錢便宜，C/P 值超高！

　　◎地址：新馬路新埗頭街 19 號 D 地下

　　★發嫂——甜度較低，是很健康的糖水，而且為自家磨製，十分好吃，推薦杏仁糊、芝麻糊、淮山湖等。

　　◎地址：公局新市西街 18-18A

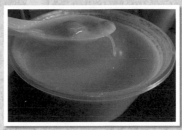
麥師傅的楊枝甘露消暑解渴

咖哩魚蛋：

　　★恆友魚蛋——這裡的醬汁口味特別，每次都會看見長長人龍，是澳門魚蛋店中人氣最旺的。

　　◎地址：大堂巷 12C 號地下

飲茶：

　　★龍華茶樓——澳門少有現存的舊式茶樓，裝潢很有懷舊氣息，點心也不錯，只是價格略貴了點。

　　◎地址：提督市北街 3 號

冠男軒的蝦餃皮薄餡好

富臨軒的點心充滿創意

★冠男軒茶樓──也是澳門著名的舊式茶樓，一定要試試肥美的拖地叉燒！當然還有蝦餃、豬潤（即豬肝）燒賣等經典點心。

◎地址：提督馬路 61 號

★富臨軒──是家很有創意的新式茶樓，點心既精緻又美味，色香味俱全，點心時常推陳出新，創意十足。

◎地址：澳門大學橫琴校區 N1 澳大賓館地面層

葡國餐：

★蕃茄屋──C/P 值高又美味的葡國料理，非常受遊客和本地人歡迎。除了平日常能吃到的菜式之外，大力推薦自創的咖哩崩砂牛腩和阿里巴巴雞扒。

◎地址：史山斜巷 4 號（潘榮記的上坡路直上）

蕃茄屋自創的咖哩崩沙牛腩和阿里巴巴雞扒非常美味

★法蘭度──非常正宗的葡國料理，由葡國人掌廚，很多葡國人都會光顧，也是不少遊客去黑沙海灘必嘗的餐廳之一！

◎地址：黑沙海灘 9 號

葡國小吃：

★老地方──有各種葡式小吃可以選擇，價錢不貴，種類很多，在澳門這種供應葡國小吃的店鋪較少，這是其中一間。

◎地址：福隆新街 10 號

腸粉：

★彭記──腸粉非常滑溜，可以配合甜醬、麻醬或辣醬來吃，燒賣和粽子也很好吃，服務亦不錯。

◎地址：賈伯樂提督街 8A 號地下

彭記的腸粉滑溜，搭配醬汁特別好吃

西餅：

★滄州──C/P 值極高的店，蛋撻、老婆餅等西餅都既便宜又可口，光顧的大多是本地人。

◎地址：新馬路十月初五街 55 號 A

★占西──最著名的甜點是沙翁，澳門的美食節目也曾介紹過喔！

◎地址：風順堂街 31 號豐明大廈地下

滄州的西餅 C/P 值極高

★美式餅廊──最推薦的是新鮮出爐的蛋撻，熱騰騰的，一出爐時香味瀰漫整條街，路人都會被吸引過去！

◎地址：連勝馬路 64 號 A

美式餅廊的蛋撻香噴噴

冰淇淋：

★禮記──很有懷舊感覺的冰室，連包裝和器皿都很復古，每一種冰品和冰淇淋都非常可口！

◎地址：荷蘭園大馬路 12-12A

★檸檬車露──有各種口味的義式冰淇淋，當中有很多特別的口味，如益力多（即養樂多）、仙桃芒果等

◎地址：新馬路大堂巷 11 號地下

在炎炎夏日品嘗禮記的冰淇淋最好不過

檸檬車露的義式冰淇淋令人看得眼花繚亂

賭場酒店好秀連場

　　很多人都說，來澳門一定要去賭場試試運氣，還要入住豪華的酒店享受一下。其實去賭場不一定要賭，去酒店也不一定要住宿，因為，就像拉斯維加斯一樣，澳門的賭場和酒店都有精采的好秀，整天為大家放送，而且都是免費的呢！除了新濠天地的水舞間（P178）之外，還有很多酒店的精采表演喔！

永利酒店

吉祥樹和富貴龍

◎**時間**：10:30 至凌晨，每隔 30 分鐘，富貴龍和吉祥樹會交替進行。

◎**地點**：永利酒店大堂

永利的富貴龍氣勢萬千

　　配合華麗的燈光和震撼的音響效果，美麗的吉祥樹或壯觀的富貴龍會從地下慢慢升起，氣勢萬鈞、扣人心弦，實在是視覺和聽覺的享受。

表演湖

◎**時間**：週日至週五 11:00 ～ 21:45，週六 11:00 ～ 22:45，每隔 15 分鐘表演一次。

◎**地點**：永利酒店外花園

　　由 300 多個湖水噴嘴和 80 萬加侖的水構成，配合多首百老匯名曲音樂，再集合了水、光、色、火四種元素，一道道水柱充滿活力地在眼前躍動，尤其是噴火的一刻更是震懾人心。

金沙城中心

夢工場巨星大巡遊

◎**時間**：每天 16:00　　◎**地點**：金沙城中心金沙廣場二層

　　逗人喜愛的夢工場卡通人物——史瑞克、馬達加斯加的可愛動物們，還有功夫熊貓等魚貫進場，加上一群舞蹈員、木偶及高蹺藝人熱熱鬧鬧地表演，把現場氣氛炒熱至最高點。能夠和喜愛的卡通巨星親近，大家都爭相拍照，歡呼聲此起彼落，就像嘉年華一樣好玩。

金沙城中心的的夢工場卡通人物巡遊，深受大眾歡迎

新濠天地

虛擬水族館

◎**時間**：24 小時表演　◎**地點**：酒店主入口

這個水族館透過虛擬效果，讓遊客跟各種可愛的海洋生物來個親密互動接觸，感覺就像置身在如夢似幻的海洋世界一樣。如果運氣好，還能碰到美麗的美人魚向你打招呼呢！

美高梅

光影・絢麗・水世界

◎**時間**：24 小時　◎**地點**：酒店大堂

超過千條色彩繽紛的魚兒在 8 公尺高的水天幕裡自由自在地暢游，整個大堂布置得像水底的珊瑚宮殿一樣，還有半空的大型海藻、吊飾及魚群等，美得令人驚嘆，以為真的置身在海洋之中！

美高梅大型的水族箱，令人宛如置身海底世界

銀河

精采舞蹈和高蹺表演

◎**時間**：每天 12:00 ～ 21:00，每小時向公眾演出。

◎**地點**：購物大道東、水晶大堂及「時尚滙」購物區

銀河設有多個常駐的舞蹈和高蹺表演，像銀河慧星的拉丁舞、如意孔雀中國舞、激舞坊的狂野勁舞、踩高蹺拉小提琴表演、時尚高蹺表演等，令人目不暇給。

新葡京

巴黎瘋狂豔舞團（兒童不宜）

◎**時間**：14:00 ～ 02:00　◎**地點**：新葡京內

超過 27 年歷史的豔舞團，為大家上演集藝術與性感於一身的舞蹈，包括法式坎坎舞、印度舞、鋼管舞、搖擺舞等，極具娛樂性，令人熱血沸騰。

星際酒店

星藝坊與狂熱舞士

◎**時間**：12:30 ～ 20:00（週四休息）　◎**地點**：酒店大堂

由俄羅斯的雜技組合為大家送上集雜技與舞蹈於一身的精采表演，令人拍案叫絕。還有狂熱舞者充滿動感的強勁街舞，讓人不禁想跟著一起狂舞。

親子同樂盡興而歸

澳門是個老少咸宜的地方，成年人可以參觀古蹟，到賭場碰碰運氣，到市集和購物區逛街血拼；小孩子也可以到充滿趣味的博物館，在酒店的兒童遊樂設施盡興而歸。在此為大家介紹幾個適合親子同樂的好地方，以及如何將這些地方安排進行程之內。

12 / 1 在科學館的兒童天地，小朋友可以痛快
　　　玩樂一番
　　2 科學館裡當然少不了著名的神州一號模
　　　型啦！

行程安排

建議安排和永利酒店、美高梅酒店、觀音像同遊，遊畢後可以繼續前往大賽車博物館、葡萄酒博物館和金蓮花廣場一帶。

 澳門科學館

擁有大量充滿趣味的遊戲，孩子可以透過互動在實驗中學到科學知識；家長們可以一同動手，和孩子一起探索新知，也可以從旁講解科學的原理。最後還可以到球型天幕影館，全家欣賞一套精采的科學影片。

地　　點	澳門孫逸仙大馬路	休　　息	週四、農曆新年除夕休館，公眾假期照常開放。
交　　通	乘坐 3A、8、10A、12 號公車，澳門科學館站下車。	費　　用	展覽中心 25 澳門幣、天文館（2D 球幕／2D 天象節目）50 澳門幣，天文館（3D 球幕／3D 天象節目）65 澳門幣，2 歲以下兒童參觀所有設施費用全免。
開放時間	10:00 ～ 18:00（17:30 停止售票）		

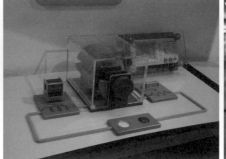

123　　1 在通訊博物館裡，家長可以和孩子們一起動手製作專屬的郵票
　　　　2 透過有趣的實驗，孩子們對通訊設施的知識會增長不少
　　　　3 在通訊博物館裡，孩子們還可以試試親自製作電視節目呢！

 通訊博物館

　　擁有多種有趣的實驗和 DIY 工作坊，家長可以和孩子一起製作屬於自己的郵票，還可以一起動手做實驗，更深入了解各種通訊設備的運作原理。

行程安排

　　建議安排和觀音堂同遊，遊畢後可以繼續前往三盞燈和新橋一帶血拼。

地　　址	馬交石炮臺馬路 7 號	休　　息	週日、週一、農曆新年首三天休館。
交　　通	乘坐 2、2A、6A、18 號公車，電力公司站下車。	費　　用	成人 10 澳門幣，學生 5 澳門幣，3～9 人團體每位 8 澳門幣，10 人以上團體每位 7 澳門幣，65 歲以上及 3 歲以下免費。
開放時間	09:30～17:30		

 夢工場動畫人物活動

　　在金沙城中心住宿的遊客，可以帶著孩子和卡通人物如史瑞克、馬達加斯加的動物們一起共進早餐，還可以於每天下午 4 點免費欣賞動畫人物的精采巡遊，孩子們一定會開心不已。

金沙城中心可愛的夢工場卡通人物，令孩子們雀躍興奮

地　　址	金沙城中間 1 樓御桃源	巡遊時間	每天 16:00	
交　　通	乘坐 15、21A、25、26、26A 號公車，連貫公路／金沙城中心站下車。	建議遊玩時間	1.5 小時	

天浪淘園

一起來到這個水上樂園玩水，度過快樂
又涼快的一個下午吧！這裡有孩子們最喜歡的
滑梯、激流、人造沙灘等設施，還有全球最高
的透明空中激流滑道，保證玩得心驚膽戰，大
人小孩都可以盡興而歸。

地　　址	澳門銀河酒店 2 樓
交　　通	乘坐 25、25X、26A、35、MT1、MT2、MT3、MT4 號公車，奧林匹克游泳館圓形地站下車。
開放時間	週一至週日 08:00～22:00
費　　用	住客免費

歷險 Q 立方

在威尼斯人和金沙城中心為孩子而設的 Q 立
方，有各種精采的遊戲，如充氣城堡、足球機、電
子遊戲等，還有滑梯和繩網考驗小朋友的身手，更
可以在這裡為孩子舉辦生日派對呢！

Q 立方是孩子們的樂園

Q 立方有很多受小朋友歡迎的扭蛋機

地　　址	威尼斯人搭乘南翼套房電梯至 5 樓（酒店住客入口）或經由大運河購物中間 3 樓，聖路卡運河段的 2610 號鋪旁進入（日間訪客入口）
交　　通	乘坐 15、21A、25、25X、26、26A 號公車，連貫公路／威尼斯人站下車。
營業時間	每日 09:30 ～ 21:30　　**建議遊玩時間** 2 小時

新濠影匯

　　新開張的大型娛樂場，不僅有魔術表演、電影製作體驗，而且還有令小孩子瘋狂的華納滿 FUN 童樂園，孩子們可以和眾卡通明星近距離接觸。還可以欣賞 4D 電影，走進蝙蝠俠的世界，和他一起去捉拿壞人。最後更可以坐上摩天輪，一邊休息，一邊欣賞澳門的風景！

行程安排

　　以上三個景點就在同一區域，建議安排一同遊玩，以銀河天浪淘園為起點，再前往新濠影匯、威尼斯人的 Q 立方、金沙城中心。

新濠影匯的 8 字形摩天輪，帶給遊客全新的玩樂體驗

玩具反斗城

行程安排

　　建議安排和大三巴牌坊及其周邊景點一起遊覽。

　　是澳門最大的玩具店，玩具的種類多得琳瑯滿目，並以男童玩具、女童玩具、幼兒玩具為分類，不光是小朋友的天堂，很多喜歡玩具的大人也逛得流連忘返！

總　店		分　店	
地　　址	澳門旅遊塔會展娛樂中間 2 樓	地　　址	白馬行銀座廣場
交　　通	乘坐 9A、18、21、23、32、26、MT4 號公車，旅遊塔站下車。	交　　通	乘坐 2、3、3A、3X、5、7、10、10A、11、18、21A、26A、33 號公車，新馬路／營地大街站下車；或是 3、4、6A、8A、18A、19、26A、33 號公車，新馬路站下車。
營業時間	11:00 ～ 20:00	營業時間	10:30 ～ 22:00

在石排灣郊野公園，孩子們能更加了解動物的生活

在郊野公園裡，可以和溫馴的小動物如小鹿一起玩

石排灣郊野公園

　　孩子們可以探望可愛的大貓熊——開開和心心，購買討喜的貓熊玩偶，再去親近其他有趣的動物，如小貓熊、火鶴、環尾狐猴、梅花鹿等，擁抱大自然。

地　　點	澳門路環石排灣大馬路	開放時間	08:00 ～ 18:00
交　　通	乘坐 15、21A、25、26、26A、50 號公車，石排灣郊野公園站下車。	費　　用	貓熊館 10 澳門幣，其他免費。

想將以上景點一次安排在行程裡進行親子之旅，可以參考一下這個行程設計：

第一天
通訊博物館 ▶ 三盞燈及新橋

第二天
議事亭前地 ▶ 大三巴牌坊 ▶ 玩具反斗城 ▶ 澳門科學館 ▶
大賽車博物館 ▶ 漁人碼頭

第三天
天浪淘園 ▶ 歷險 Q 立方 ▶ 新濠影匯 ▶ 金沙城中心夢工場 ▶
石排灣郊野公園

澳門超市好康掃貨

　　很多遊客在出發前，都會做功課先看看澳門哪裡有超市，除了能以實惠的價錢補給日常所需的用品之外，原來澳門的超市還有些好康的東西可以掃貨喔！澳門的物價雖然上漲不少，但超市時常推出特價優惠，説不定能以超低的價錢買到實用的貨品呢！

　　澳門的超市有一些港澳特色的貨品，是在臺灣買不到的！首先向大家推薦葡國的老人牌沙丁魚、吞拿魚、馬介休等魚罐頭，一罐大約10澳門幣。魚的肉質鮮美，絕對是質素很高的罐頭，也是葡國的名物！分為原味、橄欖油味、番茄汁味、辣味等，其中大家在茶餐廳時常吃到的辣魚包就是辣味沙丁魚，只要買幾盒罐頭，便可以回去 DIY 特色的辣魚包啦！除了辣魚之外，還可以試試深受港澳居民喜愛的豆豉鯪魚罐頭呢！

葡國老人牌沙丁魚

　　另一種臺灣遊客喜歡掃貨的，就是港版味道的出前一丁泡麵，在澳門的超市一樣有售，港版出前一丁的味道比日版選擇多很多，甚至有些日本人也會專程來買呢！推薦一試的口味，包括黑蒜油豬骨、九州濃湯豬骨、北海道味噌豬骨、五香牛肉、沙嗲、海鮮、雞蓉、原味，還有多種辛辣味道等，種類多不勝數，滋味千變萬化，而且價錢不貴，一包大約 3.5 澳門幣，很多人都會大量掃貨。

　　超市裡還有一些澳門的特產，如蛋卷、杏

豆豉鯪魚

各款口味的出前一丁泡麵

馳名的杏仁餅

核桃酥、鳳凰卷、老公餅

杏仁餅及棋子餅

「三千年開花，三千年結果」的百花魁王母蟠桃

仁餅、紐結糖（牛軋糖）等，價錢比在伴手禮店買要便宜呢！還有一款很有趣的澳門特產推薦給大家，那就是百花魁，它其實是一種涼果，味道甘美，最有趣的是它標榜「三千年開花，三千年結果」，事實是否真的如此，就信不信由你了！

陽光柑香茶

除了食品之外，特色盒裝飲品也是必買之列。兩大品牌包括了陽光和維他。陽光的各式味道中，有一款是香港沒有、澳門限定的，就是柑香茶，味道微甜清新，帶著清香的柑味，十分可口，來澳門一定要試試。檸檬茶也是港澳特色飲品之一，香濃解渴。至於維他，則推薦維他奶和麥精奶。維他奶其實是豆奶，最特別要屬麥精，即是麥芽口味的豆奶，不光有濃厚的豆味，麥芽的香味也十分吸引人。

至於酒精飲品，很推薦葡國的砵酒，生產自葡國的高級釀酒地——波爾圖。這些砵酒味道香醇，價錢也不貴，在其他地方較少見，但在澳門的超市卻有多種選擇。

接著為大家介紹一下澳門的三大超市，這三家超市擁有最多分店，在澳門幾乎到處都有，並不難找。

波爾圖的砵酒

來來超市

最受澳門人歡迎的超市，不僅超市，還經營藥房和電器。來來超市最大特色是貨品種類很多，就連簡單的電器也有售。貨品的價錢為中價，品質也較有保證。

新苗超市

貨品以日常食品和生活用品為主，價錢比來來便宜，但品質不及來來好。最方便之處是在議事亭前地附近便有一家分店，很多遊人都會經過此地，不用刻意去找。

百佳超市

來自香港的超市，價錢較貴，品質也較高，以販賣香港的貨品為主，分店不及來來和新苗多，主要集中在中、高級住宅區。

除了以上三大超市之外，澳門還有一家很有特色的超市，就是新八佰伴百貨 6 樓的超市，這也是價錢最貴的超市之一，以販售韓、日的貨品為主，很受澳門人歡迎。

以下為大家提供各超市的分店所在地，資料來源來自各大超市的官網：

來來超市 官網：www.royalsupermarket.com.mo

名稱	地址	電話／傳真	營業時間
下環街	澳門下環街 57 號 A、B、C、D、E 地下	2896 6608	08:15 ～ 22:45
黑沙環	澳門黑沙環馬場海邊馬路 19-27 號	2841 6720	09:00 ～ 23:00
民安新邨	澳門市場街 326-330 號民安新邨地下	2841 3497	08:00 ～ 23:00
保利達	澳門黑沙環勞動節大馬路保利達花園第二座 361-381 號	2833 6203	09:00 ～ 23:15
提督馬路	澳門罅些喇提督大馬路 39 號 D、E 地下	2825 8893	10:00 ～ 23:00
俾利喇街	澳門俾利喇街 83-85 號宏利花園地下 C 鋪	2852 8771	08:30 ～ 01:00
慕拉士	澳門慕拉士大馬路 181-183 號，來來集團大廈地下	8791 9488	09:30 ～ 23:00
美副將	澳門美副將大馬路 11 號 G 地下，富德花園	2852 6336	09:00 ～ 23:00
越秀	澳門雅廉訪大馬路 59-A 號，越秀花園地下 F 鋪	2855 3372	09:00 ～ 01:00
金利達	澳門氹仔佛山街 104-184 號，金利達花園地下 R、S、T 及 U 鋪	2883 3712	09:00 ～ 23:00
連勝馬路	澳門連勝馬路 51-61 號地下 F、G 座，大豐銀行大廈	2836 6112	09:00 ～ 23:15
祐漢	澳門黑沙灣祐漢新村第六街 58-60 號地下	2841 2716	10:30 ～ 22:00
羅理基	澳門羅理基博士大馬路 301–319 號，境豐豪庭地下 A-H 座（地下及 1 樓）	2878 6198	09:30 ～ 23:00
臺山	澳門臺山菜園涌街 188-196 號，建富新村地下 D、I、T 座	2822 7736 2822 7717	08:30 ～ 23:45
關閘廣場	關閘廣場 140 號彩虹苑商場	2843 5551	08:30 ～ 23:45
羅白沙街	澳門羅白沙街 36 至 50 號，昌明花園明星閣地下 A 及 F 鋪	2821 6932	08:00 ～ 23:15
愉景	澳門俾利喇街 124-D 至 124-G 號愉景花園地下 A、B、C、D 座	2852 1118	09:30 ～ 23:00
南暉	澳門永安街 107 至 117 號，南暉大廈地下 C、D、E、F 座	2843 1991	09:00 ～ 23:00
水坑尾	素鴉利神父巷（竹園圍斜巷）13 號地下	2832 0100	09:30 ～ 22:30
皇朝	澳門馬濟時總督大馬路 409 號大豐廣場第二座地下 O 座	2875 3228	10:00 ～ 01:00

名稱	地址	電話／傳真	營業時間
澳門廣場	澳門南灣羅保博士街 2-16A 號澳門廣場 1 樓	2871 7182	10:00 ～ 22:00
泰豐新邨	澳門菜園涌邊街 61-69 號泰豐新邨地庫 a 座	2843 7922	11:00 ～ 22:30
白鴿巢	花王堂街 7C 號長運大廈地庫 A 座	2895 5182	09:00 ～ 22:45
建華	澳門高利亞海軍上將大馬路 220 號，建華新村第十座地下 a 座	2845 5313	09:00 ～ 23:30
新都大廈	澳門鱝些提督大馬路 81 號新都大廈地下 G、H 座	2825 8712	08:30 ～ 23:00
大明閣	澳門青洲新巷 20 至 38 號大明閣地下 A、B、C 及 D 座	2840 3959	08:30 ～ 23:00
怡南	澳門騎士馬路 71-71A 怡南大廈 C、S 座地下	2848 1219	09:00 ～ 23:00
信達廣場	澳門永安街 166 至 174 號信達廣場 1 樓	2842 5276	09:00 ～ 23:00
聯薪廣場	澳門飛喇士街 81 – 101 號聯薪廣場地下 AB-AR、AU-AZ、BA-BZ、CA-CC、CI-CK、CO、H-K、Q 及 T-X 座	2826 2663	08:30 ～ 23:00
十月初五日街	澳門十月初五日街 71 號江華大廈地下 A 座	2892 2501	10:00 ～ 20:30

新苗超市　官網：www.sanmiu.com/index.asp

名稱	地址	電話／傳真	營業時間
總辦公室	澳門永華街 37-53 號僑光工業大廈九樓 D 座	2841 3311	08:15 ～ 22:45
倉儲批發	澳門永華街 37-53 號僑光工業大廈一樓全層	2843 1155	09:00 ～ 23:00
第一店	澳門祐漢新邨第六街 46-48 號地下	2834 1259	08:00 ～ 23:00
第二店	澳門祐漢新邨第五街 36 號地下	2841 3350	09:00 ～ 23:15
第三店	澳門羅白沙街 20-22 號昌明花園地下 I、J 鋪	2821 1211	10:00 ～ 23:00
第四店	澳門營地大街 35 號澳中商業中心 1-2 樓	2837 3355	08:30 ～ 01:00
第六店	澳門新口岸羅理基博士大馬路保怡中心地下 D 至 K 座鋪	2878 6699	09:30 ～ 23:00
第七店	澳門祐漢永定街 94-100 號南暉商場	2843 0002	09:00 ～ 23:00
第八店	澳門勞動節大馬路裕華大廈 11-12 座地下 C 鋪	2845 5701	08:15 ～ 22:45
第十一店	澳門新口岸科英布拉街 475-487 號中土（百德）大廈地下 W、X、Y 鋪	2875 5068	09:00 ～ 23:00
第十二店	澳門下環街 35-35A 號嘉興樓地下	2893 9494	08:00 ～ 23:00
第十三店	澳門市場街 542-554 號樂富商場地下	2841 4336	09:00 ～ 23:15

名稱	地址	電話／傳真	營業時間
第十四店	氹仔奧林匹克大馬路 525 號新花城商鋪地下	2899 9911	10:00 ~ 23:00
第十五店	澳門黑沙環中街 38-44 號海名居 J 鋪	2876 1132	08:30 ~ 01:00
第十六店	高士德大馬路 9E 號世紀豪庭 1 樓	2855 1152	08:15 ~ 22:45
第十七店	氹仔柯維納馬路 84-88 號匯景花園地下	2884 4766	09:00 ~ 23:00
第十八店	臺山李寶椿街新城市商業中心	2855 0608	08:00 ~ 23:00
第十九店	氹仔美副將馬路湖畔大廈	2850 0500	09:00 ~ 23:15

百佳超市   官網：www.parknshop.com

名稱	地址	電話／傳真	營業時間
御景灣	澳門勞動節大馬路御景灣第五座地下 VB 鋪	2876 5062	10:00 ~ 22:00
長運大廈	澳門花王堂街 7-7A 號長運大廈地下 A 座	2895 6056	09:00 ~ 21:00
花城	澳門氹仔花城第 40 地段利鴻圖偉業大廈 H 座地下	2884 0161	09:00 ~ 22:30
灝景峰	澳門沙梨頭海邊街灝景峰 摘星閣 – 抱月閣地下 B 座部分	2825 7525	09:00 ~ 20:00
建富新村	澳門菜園涌街 214-222 號建富新村地下 G 座	2823 0726	09:00 ~ 22:00
海名居	澳門東北大馬路 S 地段海名居地下 C 座、D 座及 F 座部分	2876 9663	09:00 ~ 22:00
澳門粵華廣場	澳門俾利喇街 110-110A 號粵華廣場地庫	2855 3196	09:00 ~ 21:00
黑沙環百佳購物中心	澳門黑沙環大馬路 44 號百佳購物中心 1 樓	2853 1642	08:30 ~ 22:00
澳門栢威大廈	澳門賈伯樂提督街 150-152 號栢威大廈地下 A 座	2835 8126	09:00 ~ 22:00
寶城大廈	澳門賈伯樂提督街（提督街）64 號寶城大廈地下 A 座部分及閣樓全層	2885 0210	09:00 ~ 22:00
信和廣場	澳門沙梨頭南街 199-209 號，海灣南街 102-202 號，蘭花前地 190-360 號，信和廣場地下 Q、O、Y、Z、AG、AH、AI 鋪	2826 2339	09:00 ~ 23:00
信達廣場	澳門菜園路 38 號信達廣場第二座地下 P0020-P0028 號鋪	2843 7010	09:00 ~ 23:00
凱泉灣	澳門河邊新街、貨倉巷、比厘喇馬忌士街及鹽巷四街道，19617 號「凱泉灣」之地下 C 座、D 座及 E 座	2893 8997	09:00 ~ 22:00
東華新村	澳門東北大馬路 236 號東華新村地下 A-C 座	2576 5059	09:00 ~ 21:00

伴手禮免費任你吃

澳門的特色伴手禮很多，最經典的包括：杏仁餅、紐結糖、蛋卷、鳳凰卷、花生糖、豬肉乾等；販售這些伴手禮的店鋪也不少，而且主要集中在幾個地方：大三巴牌坊前面的行人專用區、新馬路議事亭前地、福隆新街和氹仔官也街。為了吸引遊客購買，很多餅家都推出免費試吃。有些會派出員工，拿著一籃籃的杏仁餅、紐結糖等在街頭讓遊客試吃，有些亦會在店內提供試吃。遊客只要把官也街、牌坊前的街道從頭至尾走一遍，便可以將多種澳門特產一網打盡、吃得飽飽。澳門的伴手禮店有很多，在此向大家介紹最受歡迎的幾家。

 ## 鉅記餅家

鉅記是眾多伴手禮店中人氣最旺的一家，原因在於它提供無限量的試吃，無論什麼產品，遊客都可以先行試吃，好吃的才購買，更讚的是，如果大量購買還有各種優惠。鉅記原本是在清平戲院附近賣花生糖的攤販，後來漸漸擴充發展。在試過它的多種產品後，個人覺得還是花生糖最好吃。花生炒得很香，甜度適中，也不會黏牙，品質不錯。鉅

鉅記是最受歡迎的伴手禮店，商品種類多不勝數

記的另一個致勝祕訣就是產品種類豐富，除了一般店鋪都會賣的杏仁餅、蛋卷之外，還賣各式糖果、肉乾、魷魚、涼果，就連鹹魚都有呢！唯一缺點是它並不像咀香園那樣堅持本地製作，很多糕餅都是在中國設廠生產。

 ## 咀香園餅家

咀香園是澳門的老字號，在鉅記成名前，咀香園已是很受歡迎的名店，也因為以製作中式糕點起家，對比鉅記，咀香園的糕餅品質略勝一籌，味道較為細膩，製作也較為精緻。除了杏

仁餅之外，咀香園的產品種類也越來越多元化，唐餅、嫁女餅、月餅、涼果一應俱全，就連葡撻都有賣呢！缺點是試吃的款式較少，並不是每家分店都設有試吃，而且價錢也較貴。

英記餅家

比起鉅記和咀香園，英記的成名時間更早，已經有八十多年歷史。在很久以前已是澳門餅家中的王者，尤其是月餅相當著名。但對於遊客來說，因為它的宣傳起步得較遲，所以現在的名氣並不及鉅記和咀香園，但最近聘請天王巨星當代言人，也開發了更多類型的產品，開始越來越受歡迎。英記的中式糕餅十分著名，更有充滿創意的葡式曲奇，都十分值得品嘗。

咀香園一直堅持澳門製造，所有糕餅都十分優質

晃記餅家

晃記是歷史悠久的餅家，也是官也街人氣最旺的店鋪之一，最著名的是肉切酥，經過香港知名美食家介紹後，每次購買都要大排長龍。除了肉切酥之外，這裡還有現在澳門比較少見到的肉心杏仁餅。

英記是歷史悠久的老店，值得一試

晃記的招牌糕點就是鹹鹹香香的肉切酥

想找好吃的杏仁餅，一定要來最香

一籃籃新鮮出爐的炭燒杏仁餅，香氣瀰漫

 ## 最香餅家

　　個人認為在這麼多店鋪的杏仁餅之中，最香才是 No.1，而且它很受澳門本地人推薦。杏仁餅非常香甜可口，價錢也很合理，最推薦傳統的肉心杏仁餅。唯一美中不足是最香的地點並不好找，光顧前需要先做好功課。

 ## 晶記餅家

　　晶記也是澳門的知名餅家，雖然名氣不如上述幾家，但糕餅都十分具水準，而且價錢也很合理。最值得一試者為香噴噴的金錢餅，還有鳳凰卷也很不錯！

金黃色的鳳凰卷，十分誘人

古老船廠尋幽探祕

從前澳門以捕漁業為主，連帶造船業也十分興旺，最高峰時期的造船廠多達十多家，造船業更是澳門四大工業之一，盛極一時。但隨著捕漁業式微，很多造船廠都結束營業了，現在只剩下空盪盪的廠房在路環海邊一帶。大家去路環遊玩，大多只會到聖方濟各教堂或黑沙海灘附近，有沒有想過去這些輝煌一時的船廠，進行一趟與眾不同的尋幽探祕之旅呢？

探祕之旅就從安德魯餅店開始，先品嘗葡撻充充電吧！

要開始船廠之旅，可以先搭公車到路環市中心，在出發之前，先好好飽餐一頓充一下電吧！來到路環，不試試安德魯的葡撻真的等於白來了！吃完一個香噴噴的葡撻，就可以開始向船廠出發。沿著安德魯所在的撻沙街走，在這條寧靜的街道上走著時，會嗅到一陣陣鹹鹹香香的魚肉味道，那感覺就像來到了漁村，朝著味道來源一看，啊！原來是幾家鹹魚店。一排排鹹魚井然有序地懸掛在店鋪門外，看起來十分壯觀呢！這類鹹魚店

走出安德魯，會看到這條街道

在澳門已越來越少，只有在這裡和內港一帶才能找到，若喜歡可以買一些回去做菜，即使不買，光是看看這種特色店鋪也很有趣呢！

繼續前行，不久就會來到路環碼頭，別看這碼頭現在空無一船，冷冷清清，從前它可是路環最重要的出入口！在還沒興建路氹連貫公路之前，所有要進入路環的人都要乘船，由這

個碼頭上岸。但在連貫公路興建後，這座碼頭已漸漸失去作用了，現在已沒有什麼船會在這裡停泊，但為了保護文物，這座碼頭仍保存得非常好，一點也沒有荒廢的樣子。放慢腳步，來到這個碼頭逛逛，在海邊吹吹風，也是非常舒適惬意呢！

接著沿警察局旁邊的小路進去，走一段小小的上坡路，不久就會見到一排排木造的屋子，那就是我們的目的地——造船廠。這個地方叫做「荔枝碗」，是路環仍有人居住的小村。細看之下，船廠外的招牌還清晰寫著每家船廠的名字，只是往裡面一看，都早已荒廢了！有部分船廠已經封閉，不能入內；有些則很多看門狗守著，也無法進入。然而即使站在船廠外看進去，也會有不同的發現——在一些船廠裡，還可以看到遺留下來的造船工具；在另一些船廠，則能夠找到放置船隻的大型木架；而某家船廠裡的樓層架構仍好好保存著。雖然每家的損毀程度各有不同，但只要把每家剩餘的部分拼湊起來，就能成為一幅完整的畫面，大概猜測出從前的船廠是什麼模樣。從船廠裡的木架可以得知，當時製作的船隻都有一定規模，還可以依稀想像到當時工人在這裡造船的情景。

1234 / 1 再沿著這條街道走，會看到右方有座三聖廟

2 繼續沿著這條街道走，就會看到盡頭是一座碼頭

3 在到達碼頭前請留意左方，有個很具特色的魚欄

4 魚欄門口掛滿了鹹魚，非常有漁村風情

1 2
3 4
5 6

1 再往前走，就是路環碼頭　　2 看完碼頭後繼續往右走，會看到不遠處就是海關

3 在海關旁邊會發現有一條上坡路

4 看到上坡路的標示寫著「荔枝碗馬路」，沿著這條路前進就沒錯

5 終於看到一座座瓦砌建築，表示到達了古船廠啦！　　6 從外面看進去，有些船廠仍保留著造船工具

1 2
3 4

1 船廠的招牌仍完好無缺地掛在門外　2 雖然船廠已荒廢，但仍可清楚辨識結構
3 看著這些古舊的船廠，不難想像從前造船的情況
4 參觀完船廠後，繼續前進便能到達漢記咖啡，記得在此享受一杯難得的手工咖啡

　　別以為這尋幽探祕之旅已經結束，這麼辛苦進行這趟冒險之旅，當然要好好犒賞一下自己。在這古老的船廠旁邊，是一間隱世的咖啡店——漢記，別小看這家店，很多澳門人都會特地開車前來品嘗他們的咖啡喔！說起來或許會令人吃驚，這家店的每杯咖啡都是經過人工攪拌四百次而來，絕對誠意滿分！這四百次的攪拌實在不簡單，咖啡的質感濃稠，上面還有一層泡沫，而且味道格外香濃，跟其他店家的咖啡截然不同！

　　雖然經過千辛萬苦前來，但能到神祕的船廠冒險，還能嘗到這隱世的手工咖啡，真是物有所值啊！以後來路環，不只可以遊覽路環市區，也很推薦大家到荔枝碗村走走喔！

走進電影、電視的場景

當大家在澳門遊玩時，是否有發現到某些景點非常似曾相識呢？因為這些地方都在某些電影和電視劇中出現過，而澳門的美麗風光和迷人的建築風格，正是製片人來取景的最大原因。如果來到澳門遊玩，也可以試著規劃一次電影、電視劇場景追尋之旅，看看能找到多少熟悉的場景吧！

 ## 路環聖方濟各教堂及廣場

澳門最熱門的取景景點不是大三巴牌坊，也不是那些著名酒店，而是環境清幽寧靜、仍保留著純樸小鎮風情的路環。相信不少朋友曾看過韓劇《宮‧野蠻王妃》吧！當中有些信君和采靜一起走過的地方，就是路環的聖方濟各教堂一帶。大家還記得嗎？采靜騎著單車看到信君的地方，原來就是路環的圖書館！而兩旁都是林蔭樹木的十月初五馬路，不就是信君向采靜揮手的地方嗎？還有呢！兩人曾一起在教堂前的廣場吃葡撻。他們從相戀到結婚，發生的難忘畫面，很多都能在路環市區找到！

不只韓劇，連香港電影也曾在路環拍攝呢！劉德華和舒淇主演的《游龍戲鳳》，也是在這裡取景。電影開始時，劉德華和舒淇第一次共進晚餐，就是在廣場前的雅憩餐廳。還有劉德華向舒淇求婚的浪漫地點，後面的建築正是聖方濟各教堂！當中許多場景都是在晚上拍攝，大家都可以看到夜間聖方濟各教堂和廣場華燈初上後的璀璨一面。

行程安排

建議安排半天的路環市區遊，以聖方濟各教堂為起點，沿著海邊的十月初五馬路閒逛，接著步入可愛的小鎮路環市區，在雅憩餐廳吃一頓豐富的葡國餐，最後在安德魯品嘗一個香噴噴的葡撻作為甜品，全程約需 2 小時。

1 在電影《游龍戲鳳》裡，劉德華就是在這兒向舒淇求婚

2 劉德華和舒淇第一次共進晚餐的雅憩餐廳

3 這條位在路環的馬路，就是韓劇《宮．野蠻王妃》裡的浪漫場景

4 看到這座路環圖書館，腦海裡又浮現采靜騎著單車遇見信君的畫面

戀愛巷和新華大旅店

　　除了路環成為拍攝熱點之外，大二巴附近的戀愛巷，還有福隆新街的新華大旅店，都是著名電影的拍攝地！記得是在哪些電影見過嗎？沒錯，就是著名的《伊莎貝拉》和《2046》。在《伊莎貝拉》裡，杜汶澤和 Isabella 曾走過不少澳門的大街小巷，其中一條令人留下最深刻印象的便是戀愛巷。兩位主角喝醉了後，就是在這條美麗的小巷裡遊蕩！另外，新華大旅店也就是電影中杜汶澤的住所，還有連知名導演王家衛都看中了這間旅店的懷舊環境，他的作品《2046》也是在這裡取景呢！

 1 電影《伊莎貝拉》裡兩位主角喝醉後遊蕩的美麗小巷——戀愛巷
2 電影《伊莎貝拉》裡杜汶澤居住的地方，其實就是新華大旅店

行程安排

建議先到大三巴一帶參觀，順道遊覽戀愛巷，然後再經過議事亭前地，直出新馬路，步行至福隆新街的新華大旅店，全程約需2小時。

東望洋燈塔

電影《伊莎貝拉》裡還有一幕很經典，就是描述杜汶澤和 Isabella 一起登上燈塔的塔頂。不過這個場景並不容易前往，因為平日燈塔是不對外開放的。如果真想重溫一下電影的那一幕，就要等待每年 5 月 18 日的港務局日，燈塔才會對外開放參觀。

行程安排

以二龍喉公園出發，搭纜車登上松山，再遊覽防空洞展示廊、東望洋燈塔及聖母雪地殿教堂，約需 1.5 小時。

一起跟 Isabella 和杜汶澤登上燈塔的頂部吧！

貓狗天堂等你來訪

　　大家應該都知道臺灣的猴硐貓村吧！澳門也有類似的地方嗎？很可惜，澳門這個小地方並沒有貓村，不過無須失望，因為澳門也有些和可愛貓狗相關的景點，當中有些更是鮮為人知，只有真正喜歡貓狗的朋友才知道的私房景點喔！

螺絲山公園不僅造型特別，更是貓咪的天堂

在公園裡，貓咪都悠然自得生活著

 ## 螺絲山公園

　　一個小小的公園，或許對遊客而言並沒什麼吸引力，但若告訴你，這是個名副其實的貓公園，貓奴們肯定會立即想飛奔而來看看吧！這個公園是貓咪的天堂，居住了起碼十幾隻貓咪，牠們都是可愛的浪貓，因為公園每天都有好心人前來餵養，便

地　　點	新雅馬路與亞馬喇馬路之間
交　　通	乘坐 2、2A、6A、18 號公車，電力公司站下車。
開放時間	06:00 ～ 22:00

在這裡定居了下來。在公園閒逛，不時會看到貓咪的身影——有的在打盹、有的蜷縮著身體睡大覺、有的在追小鳥，貓咪自由自在，無拘無束地在公園遊走，這裡真是屬於貓咪的天地啊！某些較溫馴的貓咪很喜歡跟人玩，大家可以逗貓逗個痛快！每到吃飯時間，只要來餵食的人敲響罐罐，貓咪便會從四面八方紛紛走出來，所以若想看到更多貓咪，就在傍晚 4、5 點左右來吧！

行程安排

建議與觀音堂、通訊博物館一起遊覽。

ANIMA 對於保護流浪動物，不遺餘力

狗兒在庇護中心裡得到了安身之所

ANIMA（澳門愛護動物協會）

　　澳門愛護動物協會是一個以保護和拯救動物為宗旨的慈善機構，不僅平日致力於宣傳教育，把保護動物的訊息傳遞給市民大眾，更為被遺棄的動物建造了大型收容中心，以幾幢大樓組成，內有多名工作人員及義工，不辭勞苦地為被遺棄的動物提供棲身之所和食物溫飽。收容中心裡有狗、貓、兔子等，只要跟守門的工作人員說一聲，就可以進去參觀，和這些被人遺忘的動物玩耍。更可以領養動物，或是參加動物的助養計畫，改變這些可憐毛小孩的悲慘命運。家長亦可以帶子女前來，教導他們尊重生命，替他們上一堂生動的生命教育課。

行程安排

　　可規劃繼續前往石排灣郊野公園，以及其他路環的景點。

地　　點	路環九澳高頂馬路邊
交　　通	乘坐 15、25、25F、26、26A、50 號公車，石排灣總站下車，向九澳方向步行約 10 分鐘。
開放時間	09:00 ～ 13:00、14:00 ～ 18:00
官　　網	www.facebook.com/MacauAnima

AAPAM （澳門保護遺棄動物協會）

這是另一個保護動物的組織，他們亦為動物設立了庇護中心，設施齊全，有動物住的空間、浴室、病房、休憩區等，讓貓、狗、兔子等動物可以無憂無慮地生活，中心還鼓勵助養和領養。大家可以在開放時間內前往參觀。

地　　址	提督馬路 121A 亞洲工業大廈五字樓
交　　通	乘 坐 1、3、3X、4、8、8A、9A、16、17、26、26A、28C、32、33 號公車，提督馬路／雅廉訪站下車。
開放時間	週六、週日 15:30 ～ 19:00
官　　網	www.aapam.net/f_abhome.htm

行程安排

可與紅街市、三盞燈與高士德區，以及寵物俱樂部一起同遊。

庇護中心是狗兒的安樂窩

寵物俱樂部

這是一家寵物店，卻並非一般寵物店。首先，除了常見的貓狗之外，這裡還有其他動物，如兔子、倉鼠、蜥蜴、蛇等。再者，店家很注重動物的身心健康，此處的貓狗都不是被關在小小的籠子裡，而是一座有著各種玩具的玻璃屋，小動物可以爬上爬下，玩得不亦樂乎，可

地　　址	澳門連勝馬路 28 號
交　　通	乘 坐 7、7A、17、18、18A、19 號公車，連勝馬路站下車。
開放時間	13:00 ～ 20:30
官　　網	www.animals-club.com

說是毛小孩的遊樂場呢！更讚的是，這裡除了販售寵物之外，也會安排動物領養，宣揚尊重生命的訊息。就算不購買寵物，店裡的員工也很歡迎客人在店內參觀並跟小動物玩耍，還會很熱情地為遊客介紹動物的習性。

1 2
3 4
5 6

1 寵物俱樂部是一間與眾不同的寵物店
2-4 寵物俱樂部為貓咪提供了各種玩具
5 寵物俱樂部除了貓狗之外,也有可愛的烏龜
6 在寵物俱樂部裡,還可以找到如蜥蜴等另類的寵物

行程安排

　　可與紅街市、三盞燈與高士德區,以及 AAPAM 一起同遊。

特色市集血拼指南

　　澳門不僅是個美食園地，而且也是個購物天堂，不單貨品種類很多，價錢又很便宜，只要掌握了購物的攻略，就可以瘋狂血拼，把價廉物美的貨品一袋一袋扛回家啦！除了某些購物區域之外，澳門也有不少特色市集，就算是只逛不買，能看到琳瑯滿目的新奇東西，也一樣充滿趣味喔！以下為大家介紹澳門的特色市集。

氹仔市集

　　每逢星期日在官也街前空地舉行，以販賣充滿創意的特色小工藝品為主，如編織玩偶、文具精品，還有懷舊玩具、紀念品等，雖然地方不大，但貨品都很新奇有趣，喜歡精巧小物的朋友不容錯過！

新橋市集

　　每天都會營業，主要集中在盧九街、義字街、三盞燈區一帶，販賣的貨品非常多樣，包括衣服、鞋襪、包包、床上用品、雜貨、精品、髮飾等，除了攤販之外，還有不少小型商場，貨品的價錢比很多購物區都要便宜，而且選擇又多，從不少本地人都愛到此購物，就可以知道價廉物美。再加上這一帶有很多小吃攤，走累了還可以就近飽食充充電呢！

在氹仔市集可以找到很多精緻可愛的小物

義字街的生活雜貨價廉物美

營地街市市集

　　每天都會營業，在街市周邊有一排排攤販和店家，販賣的東西以生活雜貨和衣服鞋襪為主。款式和價錢都很大眾化，因為鄰近議事亭前地，營地街市大樓內又有美食中心，在遊覽議事亭前地時不妨順道逛逛！

營地街市旁有很多賣便宜衣物的攤販

特輯

　　不僅市集，澳門還有不少購物區，每個購物區都有不同的主題，大家可以參考以下攻略，按照自己想買的貨品，選擇適合的購物區血拼！

想買運動用品，就到荷蘭園吧！

- **球鞋和體育用品**：荷蘭園正街是澳門人口中的「球鞋街」，這裡的體育用品店多不勝數，球鞋種類多元，令人眼花繚亂。
- **化妝品**：議事亭前地有大量的化妝品店，有來自香港的公司，如 Sasa、Colour Mix、卓悅等，也有韓國的品牌 Nature Republic，亦有國際名店 The Body Shop，擁有大量日、韓的化妝品和美容用品，是女性的最愛。
- **婦女用品**：大三巴牌坊和女媧廟附近的高尾街，又稱「女人街」，以販售女性用品為主，如內衣褲、唐式服裝、飾物等，短短的街道十分熱鬧。
- **電腦用品**：澳門有兩大電腦商場——位於雅廉訪的幸運閣和位於祐漢的黑沙環電腦城，擁有數十間的電腦店，其中以幸運閣的貨品品質較高。

‧ **金飾**：澳門的金飾店多數集中在新馬路，多家信譽有保證的著名店鋪可供選擇，如周大福、六福、周生生等，每家的人氣都很高。

‧ **手機產品**：主要集中在高士德一帶，手機和相關用品種類繁多，價格也不一樣，建議貨比三家。

‧ **潮流服飾**：想購買時尚一點的，或是較受年輕人喜愛的衣服，可以到板樟堂白馬行（大三巴牌坊附近），這裡有幾個專售潮流貨品的商場，如信達城、銀座廣場、雅明商場等，年輕男女都很喜歡到這一帶逛街。

‧ **紀念品和伴手禮**：最集中之處是大三巴牌坊一帶和氹仔的官也街，不少餅家都會提供免費試吃，還沒走完一條街已經吃得肚子飽飽。

白馬行是很多年輕男女的購物天堂

西灣湖畔浪漫情懷

　　在澳門半島有一個浪漫，悠閒又清幽的地方。你可以在湖畔一邊吹著微風，一邊漫步，於婆娑的樹影下，踏著寫意的腳步，欣賞兩旁充滿歐陸風情的建築，還有不遠處那美麗的西灣橋，迷人的古堡酒店，走累了，則可以到著名的餐廳，享用一頓豐富美味的葡國餐。這個如同仙境的地方，就是位在西灣湖畔的步行小徑。

　　雖然知道這裡的遊客不多，卻還是要誠意推薦給大家，此處真是一個很適合悠閒散步的地方喔！試想，在急速發展的澳門市區裡，哪裡還能找到沒有什麼車輛的馬路、空氣清新的小徑，還有那充滿浪漫氛圍的感覺？也許因為這裡實在太美了，有不少電視劇曾在這裡取景，更是不少情侶喜愛的談心勝地呢！

政府總部外型典雅優美

　　要踏上這段浪漫之旅，大家就從南灣的新八佰伴附近開始吧！首先朝著南灣湖水上活動中心的方向走，不久便會在右方見到一座紅色的美麗建築，看上去十分莊嚴優雅，這裡就是澳門的政府總部，即回歸前澳門總督辦公的澳督府。一年中某幾個日子，這裡會對外開放，大家可以走進漂亮的小花園和宏偉的辦公大樓參觀。至於其他時間，即使在外面觀看，也覺得十分迷人呢！接著便會到達南灣湖水上活動中心，這裡也是舉行龍舟比賽的地方，還可以遙望高聳入雲的旅遊塔喔！

旅遊塔佇立在西灣湖畔

　　經過了水上活動中心，就開始進入西灣的區域了，此時會發現，馬路上的車子突然

1 2
3 4

1 西灣大橋在湖中留下倩影　2 西灣湖畔小徑風景清幽秀麗
3 在婆娑樹影下漫步，悠然自得　4 澳門基金會會址精緻美麗

少了很多，微風吹過樹影搖曳，腳步也隨之放慢，深深呼吸一下，空氣亦變得清新。這時湖畔上漸漸出現一座橋樑，優美的橋身跨過大海，連接著澳門半島和離島氹仔，若逢華燈初上，燈光映照著大橋，會更加璀璨迷人呢！留意一下四周的建築，有母親會會址、澳門基金會會址，還有從前澳督的宅第，這一帶就是澳門的高級住宅區，也難怪每座樓房都這麼漂亮！

　　繼續往前走，會看到一座高高的黑色雕像，形態很特別，這就是中葡友好紀念物——融和門，因為曾經發生落石意外，所以拉起了封鎖線，不宜太接近，但從遠方拍照，景色也很不錯。經過融和門不久，會到達一處向外突出呈半圓形的地方，就是澳門人口中的「半邊橙」！很適合在這裡駐足休息一下，一邊享受溫和的海風，一邊欣賞純淨的海景。之後，再走幾分鐘，就會到達澳門唯一、也是房價最貴的聖地牙哥古堡酒店，它是由古舊堡壘改建而成，採用葡國的建築風格。走入酒店，會驚訝地發現，一切都保存得如此完好，那感覺就像

在城堡裡尋幽探祕一樣，那面石牆、那道樓梯、那盞吊燈、那些家具，每一個角落都古樸典雅，充滿了神祕感，令人彷彿穿越時光隧道，回到過去那般！即使不在此住宿，也很值得參觀留影喔！

　　來到這裡，已經走了不少路了，是時候好好充電一下，只要往回走一段回頭路，就會到達一家叫做美心亨利的餐廳，是非常受歡迎的葡國餐廳，食物和用餐環境都稱得上滿分！吃完這頓豐盛的大餐後，該是時候踏上歸途，就可打道回酒店休息。

1 2
3 4
5

1 澳葡時代澳督的宅第
2 西灣湖畔有處突出來的半圓形空地，叫做「半邊橙」
3 聖地牙哥酒店是澳門唯一的古堡酒店
4 漫步在古堡之中，宛如穿越時光隧道
5 古堡酒店裝潢古典優雅

私房祕景──聖母村和九澳村

有人說過，路環是澳門的最後一塊淨土，然而，隨著社會發展，路環也漸漸開發了。不過，不說不知，原來這塊淨土還有兩處寧靜的祕景，澳門人很少會去，知道的遊客便更少了，但若有時間，也想去一些遊客較少的地方看看，在遊覽路環時，不妨安排一下，參觀寧靜的聖母村和九澳村吧！

聖母村之旅，就從九澳聖若瑟學校開始吧！

聖母村位在一個小丘陵上，從九澳聖若瑟中學，即 15 號公車的總站走過去，約需 15 分鐘的時間，由於位置偏僻，去的人並不多，大家更可以享受這裡的寧靜。

聖母村的面積其實不大，因為這裡曾用作麻瘋病院，從前人們都不敢到這裡來，現在，麻瘋病院早已不在了，只剩下一座曾作為病院的建築物。在這座建築物附近，是一個外型十分優美的小教堂。這個教堂的造型跟澳門很多教堂都不同，非常獨特，就像是

走到大馬路上，朝著大路的方向走

臺中東海大學的路思義教堂一樣，斜斜的屋頂、淺黃的色調，看起來十分典雅，這裡便是七苦聖母教堂。教堂周圍是漂亮的花圃，還有幾座聖像。這裡充滿了休憩寧靜，真是百分百的祕景呢！在這座美麗的教堂前取景，可以拍下一張較少遊客到訪的難得照片！

參觀完聖母村後，不妨折返九澳聖若瑟學校，學校旁邊是九澳村的入口。九澳村是個古樸小村，由於交通不便，年輕一輩都已搬出去發展，村裡只剩下一些上了年紀的居民，他們或坐在屋外談天說地，或和三五知己打打麻將，過著悠閒寫意的生活。村子不大，約 10 分鐘便能走完，但在這簡樸的小村裡漫步，是非常舒適的體驗！

這麼寧靜的地方，在澳門真已不多了，這裡能讓大家看到澳門較少人知道的另一面，如果想體驗澳門的另一番風情，很推薦到這裡參觀喔！

1 2
3 4
5 6

1 接著會看到一座行車天橋，行人的話請選擇右邊的路　　2 不久後便會見到一個工地
3 沿著工地旁的斜坡路上去，就會到達聖母村　　4 美麗的七苦聖母教堂
5 教堂外的聖像，簡單而莊嚴　　6 聖母村環境清幽，就像隱世的天堂般

1 2

3 4

5 6

1 這裡曾是麻瘋病院　2 教堂外的聖像，簡單而莊嚴

3-4 九澳村是個寧靜樸實的小村落

5 九澳村的村民會堂　6 九澳村的村民過著悠閒生活

雲集全澳美食——美食節攻略

澳門好吃的東西實在太多了，著名的店家遍布各區，怎樣才能不花太多時間四處遊走，一次全部吃遍呢？那就一定不可錯過澳門一年一度的盛事——美食節。美食節在每年 11 月，通常在大賽車前一個週五開始舉行，會持續三個星期，在大賽車後的週日結束。今年已舉辦到第十六屆了，每年都吸引數以百計的餐廳和店家參加，人山人海非常熱鬧，怎樣才能在這個美食嘉年華中吃個痛快呢？請參考以下的攻略吧！

地　　點	西灣湖廣場
時　　間	每年 11 月上旬，15:00 ～ 00:00
交　　通	乘坐 9A、18、23、26、32、MT4 號公車，澳門旅遊塔站下車。

到美食節和平時上餐館有什麼不同？

美食節的美食較集中，一次可以找到多家澳門特色店鋪，節省每區尋訪的時間。另外，部分食店在美食節中會推出優惠，餐點比在餐廳享用便宜。

美食節場地分為哪幾部分？

分為樓上和樓下，一般本地餐廳都在樓上，外地餐廳和遊戲攤位則在樓下。

如何購買食物？

先到購票處買代用券，代用券分為 5、10、20、50 及 100 澳門幣，然後拿代用券到各個攤位購買餐點。

美食節的代用券

1 2　／　1~4 美食節中的美食　　5 美食節的特色攤位　　6 美食節場地
3 4　／
5 6　／

如何迅速找到喜歡的美食？

　　美食節大致分為幾個區：
· **中式美食街**：以中式酒樓和店家為主，可以買到廣東特色的美食。
· **歐陸美食街**：有葡國、義大利、西班牙等歐陸美食。
· **亞洲美食街**：以日、韓美食為主。
· **風味美食街**：特別風味的美食，如小吃、炸物等。
· **甜品街**：甜品、糖水、冰淇淋盡可在此探尋。

 ## 除了澳門的店鋪之外，還有其他地方的餐廳參加嗎？

　　每年美食節都會邀請外地的餐廳參加，例如日本、韓國、臺灣、馬來西亞等，外地的餐廳多數設在樓下。

 ## 除了可以享受美食之外，還有什麼其他節目？

　　除了各餐廳的攤位之外，美食節還設有遊戲攤位，可以購買遊戲券參加遊戲。另外，每逢週六都有歌唱表演。

 ## 怎樣才能避開人潮，吃得舒服一點？

　　週六、週日是美食節人流高峰的日子，建議於週一至週五前來，人潮會較少。

美食節的遊戲攤位

 ## 人有三急時該怎麼辦？

　　美食節場地設有洗手間，但通常人比較多，可以使用旅遊塔地下樓的洗手間，也很方便。

緊張刺激——格蘭披治大賽車

　　每年 11 月，澳門都會特別熱鬧，因為有兩大盛事舉辦——大賽車和美食節，這個月的遊客會特別多。大賽車已有六十多年歷史，是澳門每年一度的體育盛事，無論是否為賽車迷，都可以在這個月份來到澳門，感受一下特別的賽車氣氛！

 ## 大賽車在什麼時候舉行？

　　賽事每年的舉辦日期都不同，但通常會在 11 月中旬的其中一個星期，週四、週五是練習和排位賽，週六、週日是正式比賽。重頭戲落在週日，三項重要賽事——GT 盃跑車賽、東望洋大賽和壓軸的三級方程式都會在這天舉行。

 ## 大賽車的票價多少？

　　練習日的票價比正式比賽日便宜，所有區域都是 50 澳門幣。正式比賽日大看臺 550 澳門幣、葡京彎 900 澳門幣、水塘看臺 350 澳門幣。

 ## 澳門的賽道有什麼特色？

　　澳門的東望洋賽道是出名難度高的賽道，以街道為主，由上坡路、下坡路、大直路，以及多個急彎組成，而且因為緩衝區較少，意外頻生。彎多路窄，要超車絕對不容易，對車手來說難度很高！許多車手都慕名前來挑戰，這也是眾車隊為來年招兵買馬的好時機。

 ## 有什麼名將曾來澳門比賽？

　　曾有不少名將來澳門比賽，包括大家都認識的車神冼拿（Senna），還有舒馬克兄弟（Schumacher）、海基寧（Heikkinen）等名將，都曾來澳門比賽。澳門的大賽車可說是孕育眾多名車手的其中一個搖籃。

三級方程式是最緊張刺激的重頭戲　　GT 盃跑車賽是大賽車的亮點之一　　摩托車比賽同樣令人熱血沸騰

 在哪個區域看賽車最棒？

這得視個人的要求而定，不同的區域有不同的特色：

- **大看臺**：可以看到精采的起步和衝線。
- **葡京彎**：整條跑道最刺激的一個彎角，撞車意外也特別多，所以票價最貴。
- **水塘**：可以看到賽車起跑後轉入直路的情景，刺激度及可觀性不及大看臺和葡京彎，但票價最便宜。

 哪些賽事較有觀賞性？

大賽車的賽事分為幾種車系：

1. **摩托車**：格蘭披治摩托車大賽是最好看，也是唯一的摩托車賽事。
2. **房車**：
   - 東望洋大賽：房車賽中的最高級別，當中幾屆更是 FIA 世界房車錦標賽的其中兩個回合。
   - CTM 澳門盃：港澳車手的爭奪戰，實力相近的高手雲集，競爭非常激烈。
3. **跑車**：澳門 GT 盃，不僅精采刺激，更有多款外型很帥的名車供觀眾欣賞。
4. **方程式**：格蘭披治三級方程式大賽是所有車系中速度最高的，在賽道上飛馳時刺激感十足。這場比賽也是國際汽聯的洲際盃，所以雲集了各地區三級方程式的頂尖車手，也是大賽車非看不可的重頭戲！

 在哪裡可以獲得更多關於大賽車的資訊？

請參閱大賽車的官方網站：www.macau.grandprix.gov.mo/cgpm

火樹銀花匯濠江——國際煙火比賽匯演

　　每年 9 月中旬，都是澳門夜空特別璀璨的時節，因為這正好是澳門國際煙火比賽匯演的舉行時間。這項比賽在 1989 年最初舉辦時，只有五支隊伍參加，到了現在，隊伍已增加至十支，成為澳門的三大盛事之一，已舉辦了二十年，每年都吸引多支高水平的隊伍前來參加。每到比賽日晚上，色彩繽紛、璀璨奪目的煙火都會照亮澳門的夜空，許多遊客都會特地挑選這段時間前來，欣賞這美麗迷人的一刻。

 ## 煙火比賽有什麼特別吸引人之處？和一般的煙火表演有何不同？

　　在一般的煙火表演裡，通常只能欣賞到來自一個地方的煙火。但澳門的煙火匯演因為是比賽性質，觀眾可以欣賞到來自不同國家的演出，每一隊都各有特色，而且配合的音樂都有其獨特的國家風情，表演之精采絕對令觀眾眼睛一亮！

 ## 煙火比賽在什麼時候舉行？

　　比賽的日期每年不同，但通常在 9 月中旬開始，每逢週六舉行，每晚上演兩場，時間分別是 21:00 及 21:40。

 ## 煙火比賽有配合其他特別活動嗎？

　　每個煙火比賽日都會於 17:00 ～ 23:00，在旅遊塔旁觀光塔街舉行「火樹銀花嘉年華」，有遊戲、美食、舞臺表演等，費用全免。

 ## 有哪些隊伍特別值得留意？

　　中國、日本、葡國、法國等隊伍都曾在多次比賽中獲獎，看過的觀眾好評不絕，非常值得一看，當然，也必須捧臺灣隊的場，為參賽團隊打打氣啦！

哪裡才是看煙火的有利位置？

有幾個地點是觀看煙火的熱點，各有特色：

旅遊塔及西灣湖廣場

優點：

1. 可以近距離感受到煙火的震撼。

2. 燃放得較低的煙火也能看清楚。

3. 可以順道參加「火樹銀花嘉年華」。

缺點：

因為和煙火燃放地點距離太近，拍出來的照片效果會不太理想。

觀音像一帶

優點：

1. 音響效果一流，配合音樂看煙火感覺特別棒！

2. 可以順道欣賞澳氹大橋的夜景。

缺點：

因為被人工小島遮擋，不能看到放得太低的煙火。

氹仔七潭公路石雕瞭望臺

優點：

1. 可以在高點觀看煙火，視野廣闊清楚。

2. 煙火配合澳門的夜景，格外美麗。

缺點：

1. 地點偏僻，沒有公車直達，需搭計程車前往。

2. 沒有音響設備來搭配音樂。

主教山下民國馬路的澳門基金會前

優點：

1. 視野清楚，很多攝影愛好者都會在此拍攝。

2. 不會人擠人，可以輕輕鬆鬆地欣賞。

缺點：

沒有音響設備來搭配音樂。

氹仔海洋花園對開

優點：

1. 可以在欣賞煙火之餘，欣賞澳門的夜景。

2. 視野廣闊，可以看得清楚。

3. 有公車到達，比七潭公路瞭望臺方便。

缺點：

沒有音響設備來搭配音樂。

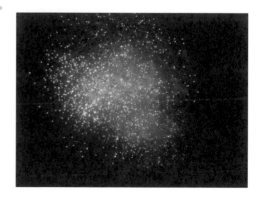

 ## 在哪裡可以獲得更多關於煙火匯演的資訊？

請在煙火比賽的官網找到時間表及更多資訊：fireworks.macautourism.gov.mo/index.php?lang=zh

文化創意薈萃──澳門藝術節

從前的人時常說澳門是「文化沙漠」，指這裡的居民對文化藝術缺乏興趣，政府對藝術發展亦不太重視，但自從澳門藝術節在 1998 年舉辦後，經過政府的大力推動，文化藝術開始在澳門發展，觀眾越來越多，到現在已舉辦了二十多屆。

入場的觀眾每年增加，已成為澳門一年一度的盛事！藝術節的主要目的，是推動文化藝術在澳門的發展，增加各國文化的交流，為居民提供更豐富的藝術節目和更充實的藝術知識。每年不光吸引大量居民參與，很多遊客也都為此特地來澳門呢！

 ## 澳門藝術節在什麼時候舉辦？

每年的舉辦時間都不同，但主要是在 3 ～ 5 月之間。

 ## 藝術節有什麼精采的節目？

藝術節的表演非常多元化，包括話劇、歌劇、粵劇、演奏會、舞蹈、展覽等。

 ## 表演場地主要在哪裡？

以文化中心為主，部分節目亦會在舊法院大樓、塔石藝文館、龍華茶樓、友誼廣場、北帝廟前地進行。

 ## 怎樣前往表演場地？

乘坐 3A、8、10A、12、17 號公車，澳門文化中心站下車，節目結束後，有免費巴士接載觀眾到關閘和港澳碼頭。

該如何購買門票？

門票可以透過網路及電話訂購，每人每次每場最多限購十張門票，提前購票還能享受早鳥優惠。

購票地點：

荷蘭園正街 71 號 B 地下
高士德大馬路 42 號 B 地下
台山巴坡沙大馬路 176-186 號地下
氹仔孫逸仙大馬路 267 號利民大廈地下 F
冼星海大馬路文化中心

購票熱線及網址：

澳門：（853）2855 5555
香港：（852）2380 5083
內地：（86）139 269 11111
網址／手機購票：www.macauticket.com

 藝術節有哪些表演單位？

表演單位來自世界各地，不少演出者更是在全球享負盛名，不光有利於各國文化的交流，觀眾更可以欣賞到不同國家風格的表演，大飽眼福。

 除了表演之外，還有其他配合的活動嗎？

除了表演之外，藝術節更設有工作坊、演後分享會、大師班，更有專為兒童而設的工作坊、讀書會等，讓大家增加對藝術的認識。

 有哪些節目是澳門藝術節特有的？

話劇、歌劇、演奏會、舞蹈等在很多地方都能看到，但在澳門藝術節，卻能觀賞到澳門限定的表演──土生話劇，這是澳門土生土長葡人透過舞臺反映他們的日常百態、社會狀況等的舞臺劇，最特別之處是運用他們獨有的語言「土生葡語」來表演。這項表演在其他地方不容易看到喔！

參加盛大的派對吧——拉丁城區幻彩大巡遊

自從 2011 年開始，為了慶祝回歸，澳門都會舉辦盛大的拉丁城區幻彩大巡遊，由多支本地及外地隊伍參與演出，沿途載歌載舞，非常熱鬧，已成為了每年度最受矚目的盛事，吸引不少遊客特地前來觀看，2015 年的觀眾數更達約十萬人呢！如果計畫在 12 月旅遊澳門，一定要查看一下官網公布的巡遊時間，千萬別錯過喔！

 ## 巡遊在什麼時候舉行？

巡遊大多在 12 月舉行，適逢聖誕節，議事亭前地和主要道路上都有很漂亮的聖誕燈飾，很適合一起欣賞！

 ## 巡遊有什麼特別之處？

巡遊隊伍由多個本地團體和外國表演團隊組成，集合了各種文化的精髓，如中國、印度、緬甸、印尼、委內瑞拉、秘魯、墨西哥等，觀眾可以一次欣賞到來自多個國家、充滿民族風情的表演。

 ## 巡遊最精采的部分是什麼？

最不能錯過的，是在塔石廣場舉行的閉幕典禮，除了各支隊伍都會施展渾身解數，向觀眾展示最精采的演出之外，還有年度特定主題的大型表演節目，如大型木偶、大型氣球、燈光表演等，表演者與觀眾一起投入充滿歡樂的派對裡，將現場熱烈的氣氛炒到最高點！

 巡遊會經過哪些地方？

　　巡遊會從大三巴牌坊開始，經過花王堂前地（即聖安多尼堂），再經高圍街、炮兵街，到達婆仔屋，最後以塔石廣場為終點。在大三巴牌坊可以觀看到開幕式，在塔石廣場則可欣賞精采的閉幕式，但這兩個地方人潮最擁擠，若想輕鬆一點，可以選擇沿途的街道觀看。

 在哪裡可以找到更多關於巡遊的資訊？

　　要了解更詳盡資訊，請參考官網：www.icm.gov.mo/macaoparade

夢幻世遺夜景之旅

　　玩了一整天還意猶未盡，但又對夜生活不感興趣，那麼在晚上可以做什麼呢？大多數遊人都只會在日間造訪世界文化遺產，有沒有想過與眾不同一點，來一次美妙的夜景之旅呢？在夜幕下的世遺，會散發出另一種優雅夢幻之美，而顯得特別迷人喔！澳門的世遺主要分布在兩個地區，在此推薦兩條主要路線，一起享受夜遊散步的樂趣吧！

 ## 路線一

以議事亭前地為起點，這裡的夜景絕對不容錯過！包括了民政總署大樓、仁慈堂、玫瑰堂等建築，給大家一個小提醒——若在節慶期間，如農曆新年、中秋、聖誕等，議事亭前地都會有非常美麗奪目的燈飾，一定要去看看喔！欣賞完議事亭前地的夜景後，可以選擇到大廟頂欣賞夜幕下的主教座堂（大堂），或是沿著步行街一直走，到達大三巴牌坊，大三巴在夜晚有著與日間截然不同的風情，如果仍有時間，還可以到戀愛巷和聖安多尼堂看看呢！

節日的燈飾讓民政總署顯得更璀璨

 ## 路線二

　　以崗頂廣場為起點，首先去看看夜裡別有一番韻味的崗頂劇院吧！再朝下坡路走，沿著高樓街可步行至聖老楞佐教堂，再走幾分鐘，便是亞婆井前地。夜晚的亞婆井環境更清幽，還可以順道造訪附近的小街道，在典雅的復古街燈映照下，充滿了浪漫的情調！接著再往前走，便會到達港務局，在掛著吊燈的迴廊裡散步，十分寫意呢！再走幾分鐘，便會到達終點站——媽閣廟，夜幕下的古老廟宇更顯祥和寧靜。

```
1 2
3 4      1 為了迎接聖誕節，郵政局也換上新裝　2 議事亭前地在聖誕節時會有特別美麗的燈飾
5 6
         3 主教座堂（大堂）既美麗又祥和　4 大三巴在夜晚有著一番風情
         5 夜裡的戀愛巷是不是更浪漫呢？　6 聖安多尼堂充滿了寧靜氛圍
```

1 2
3 4
5 6

1 崗頂劇院的夜景迷人　2 莊嚴肅穆的聖老楞佐教堂

3 燈光閃閃的亞婆井前地　4 亞婆井附近的小巷也很有韻味

5 欣賞一下不似日間萬頭攢動的媽閣廟吧！　6 位在海事博物館附近的皇家橋碼頭也散發著迷人之美

Part
4

離島小旅行

氹仔

氹仔是澳門的離島，從前的氹仔是個人煙稀少的漁村，現在已發展成為旅遊熱點，很多遊人來澳門都會安排一天在氹仔遊玩。以舊城區一帶最為熱鬧，建議以官也街為起點，再逛地堡街、路氹歷史館、氹仔市政公園、龍環葡韻，再利用龍環葡韻附近的自動步行系統，可以到達銀河和威尼斯人一帶，將氹仔和路氹城區串連起來一起同遊！

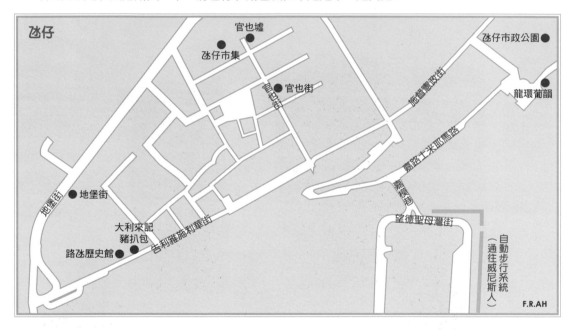

氹仔

官也墟
氹仔市集
氹仔市政公園 ●
龍環葡韻 ●
官也街
施督憲政街
地堡街
● 地堡街
嘉路士米耶馬路
嘉模巷
大利來記
豬扒包
望德聖母灣街
路氹歷史館 ●
告利雅施利華街
自動步行系統
（通往威尼斯人）
F.R.AH

氹仔人氣最旺的街道

官也街

官也街可說是氹仔最熱鬧、最著名的一條街，也是來氹仔的遊客必訪的街道。這條街道之所以那麼受歡迎，是因為這是一條名副其實的伴手禮街和食街，沿路是一家接一家的伴手禮店，包括咀香園、鉅記、文記、晃記、車厘哥夫等，差不多每家都提供免費試吃，只要從街頭走至

1 官也街上餐廳和伴手禮店林立
2 官也街上的排隊名店——晃記餅家
3 來到官也街，不要忘記去莫義記品嘗美味的大菜糕喔！
4 官也街有許多著名的葡國餐廳，這家木偶餐廳是很受歡迎的老字號

街尾一趟，不用花一毛錢已能嘗遍澳門的特產，而且吃得飽飽。

　　如果只是伴手禮並不能滿足你，街上還有多家小吃餐廳可供選擇——喜歡蛋糕小吃的可到沛記咖啡室，品嘗香噴噴的核桃蛋糕（激仔），喜歡甜點的一定要試試莫義記的大菜糕，若想吃義大利麵可以試試興記冰室，還有貓屎咖啡、澳門豬扒包等，美食琳瑯滿目，再加上這兒有一家集合各種紀念品的店鋪，在短短一條街道上，已匯聚了買的、吃的於一身，難怪每逢假日，這裡都人山人海。

　　官也街由於位在氹仔的中心地帶，與地堡街、龍環葡韻相鄰，很適合一同遊覽。

交　　通　乘坐 11、15、22、28A、30、33、34號公車，氹仔官也街站下車。

建議遊玩時間　30 分鐘

澳門本土文創作品
官也墟

　　在官也街閒逛時，會發現街道盡頭有一幢外觀繪著繽紛圖畫、非常鮮豔奪目的建築，看上去像是餅家，又像是藝術創作的園地，而門口寫著「官也墟」，令人不禁疑惑：這個究竟是什麼地方？

　　這其實是集藝術創意與傳統餅食於一身的店鋪。地下是著名的老字號餅店——咀香園，在這裡可以買到可口又好吃的糕餅。餅家樓上則是藝術空間。來到 1 樓，本地設計的可愛吉祥物——梳打熊貓會作為嚮導，帶領大家穿梭時空，重回 60～70 年代的澳門，老一代居民來到這

 1 官也墟外觀彩色繽紛、鮮豔奪目　2 店鋪內有許多極具創意的藝術品
3 每一層樓都充滿了藝術氣息

裡，肯定會勾起美好的童年回憶；遊客來到此處，也能
體驗澳門的市井生活和小城百態。至於 2 樓，則是澳門
本地文創品牌──澳門佳作的天地，一系列充滿創意的文
藝產品，光是欣賞就已賞心悅目，若喜歡更可以買回家。
走累了，建議步上 3 樓，這裡展示著引人入勝的藝術品，
在人來人往的官也街上，能夠擁有一片寧靜的空間，愜
意地享受一下與藝術交集的美妙感覺，真的很不錯呢！

交　　通	位在官也街
官　　網	www.cunhabazaar.com
建議遊玩時間	30 分鐘

集各種美食於一身

地堡街

　　不滿足於官也街美食的老饕請留意！除了官也街之
外，附近的地堡街有更多的餐廳在向你招手喔！官也街
的店家以小吃為主，難免會吃不飽，若要吃正餐，那就
得轉戰地堡街。地堡街有著各式各樣的餐廳──茶餐廳、
葡國料理、日本料理、西班牙料理、義大利料理等，提
供飯、麵、套餐，還有沙度娜的香滑木糠布丁或新好利
熱騰騰的鮮奶撻可作為飯後甜點。這條街道不長，從頭
至尾只需走個幾分鐘，可是餐廳和美食的選擇卻五花八
門，實在是老饕的天堂！

地堡街上滿是異國餐廳

交　　通	乘坐 11、15、22、28A、30、33、34 號公車，氹仔中葡小學站下車。
建議遊玩時間	30 分鐘

認識路氹的歷史

路氹歷史館

在路氹歷史館內，可以更深入了解
氹仔和路環從前的風貌

看到現在擠滿了遊客，商店、賭場、酒店林立的氹仔，你能想像從前這裡是什麼樣子嗎？其實這只是最近幾年旅遊業漸漸發展，氹仔人口也變得越來越多才開始的光景，以前的氹仔跟現在，絕對是截然不同、天壤之別喔！當然，現在要將這裡恢復原貌已不太可能，但大家仍能從位於官也街附近的路氹歷史館，一探氹仔從前的風貌。

這座歷史館本身已是一座相當具有歷史價值的建築，從前它是離島的行政中心，後來成為海島市政廳，經過重修後，於 2006 年作為歷史館向公眾開放。歷史館成立的目的，是帶領參觀者重回昔日的路氹，體驗當地居民的生活。

館裡的 1 樓全層都是路氹考古展區，展示著黑沙遺址的出土文物，還可以讓遊客清楚看到遺址的地基結構，並有石器時代的器具展覽，讓大家更了解路氹的史前歷史。至於 2 樓則是路氹的鄉土文化生活展示區，包括政治、經濟的發展介紹，中西宗教文物的展示，從生活、教育、建設各個層面，探討路氹的歷史和發展成就。

在歷史館逛完一遍後，不禁驚訝：原來路氹在這幾十年的變化竟是如此大呢！

地　　點	氹仔告利雅施利華街	休　　息	週一
交　　通	從官也街步行約 5 分鐘	收　　費	成人 5 澳門幣，10 人以上團體 2 澳門幣，12 歲以下或 65 歲以上免費入場，週日免費開放。
開放時間	10:00 ～ 18:00	建議遊玩時間	30 分鐘

 葡國風格的典雅宅第

龍環葡韻

在氹仔海邊馬路一帶，有五間外型古典優美、色調柔和的粉綠色歐式住宅，這裡有一個很美的名稱「龍環葡韻」。

「龍環」其實是氹仔的舊稱，至於「葡韻」，是指這些建築充滿葡式風韻。1847 年，葡國人的勢力向氹仔擴展，並於 1910 年完全控制路環，在這兩座離島開始不斷湧現許多葡國特色的建築，而這五間美麗的房子，就是當年離島政府官員和土生葡人的住宅。現在已改為博物館，

123 / 1 龍環葡韻的葡式宅第看上去十分典雅　2 每座建築物都是擁有各自主題的展館
3 使用龍環葡韻附近的自動步行系統，可以到達威尼斯人及銀河一帶

也是攝影或新人拍婚紗照的熱門地點。

　　這五座建築包括：土生葡人之家、海島之家、葡萄牙地區之家、展覽館和迎賓館。土生葡人之家將昔日葡國人的家居生活，透過家具擺設和裝飾物，盡現遊客眼前；海島之家以路氹相關的照片展覽為主；葡萄牙地區之家展示了葡國的少數民族服飾及手工藝品；展覽館時常會舉辦西畫、攝影、陶瓷相關的展覽；至於迎賓館則會舉辦官式宴會和文化藝術講座。

　　以前龍環葡韻前的海面原本是紅樹林生態區，孕育了不少珍稀動植物，可惜隨著近年社會發展，這片美麗的樹林已枯萎了。現在龍環葡韻不僅是著名的旅遊景點，也是一些重要活動的舉辦場所，例如每年一次的澳門花展及以推廣葡國文化為主的葡韻嘉年華等，活動期間這裡會裝飾得更為美麗，氣氛也會更熱鬧！

地　　點	氹仔海邊馬路
交　　通	乘坐 11、15、22、28A、30、33、34 號公車，氹仔官也街站下車；或是 25、25X、26A、35、MT1、MT2、MT3 號公車，望德聖母灣馬路／紅樹林站，使用自動步行系統前往。

開放時間	10:00 ～ 18:00	休　　息	週一
收　　費	成人 5 澳門幣，學生及團體票 2 澳門幣，12 歲以下或 65 歲以上免費入場，週日免費。		
建議遊玩時間	45 分鐘		

 造型獨特的十字公園

氹仔市政公園

　　遊覽完龍環葡韻後，會經過一個環境優美的公園，由漂亮的小噴泉、掛滿了美麗金銀花的蔭棚，還

地　　點	氹仔海邊馬路側
交　　通	從龍環葡韻步行約 2 分鐘
開放時間	全日

1 2

1 氹仔市政公園鳥語花香，
美麗清幽
2 沿著公園的石階直上，便
是葡國詩人賈梅士的銅像

有紀念葡國詩人賈梅士的銅像組成。這裡的水池呈十字型，十分獨特，人們都稱它為「十字公園」，這裡就是氹仔市政公園。

公園於 1955 年建成，位在嘉模教堂的前方，婚姻登記局和嘉模泳池之間。公園旁有條很有葡國特色的碎石路，這類碎石路在澳門已不多見，具有相當的歷史價值。從公園的小路，可以抵達氹仔的舊城區，熱鬧的官也街亦在附近，可以一起遊覽。

澳門最著名的豬扒包

大利來記豬扒包

來到澳門當然要試試這裡的特色美食——豬扒包，而最著名的店鋪，就數這家老字號——大利來記。

大利來記的總店位在氹仔舊城區，原本是一家咖啡室，因為製作的豬扒包可口美味，分量又足，漸漸以豬扒包著名，進而發展成遊客來澳門一定要試試的豬扒包名店。這裡

大利來記以豬扒包聞名

的豬扒包為道地葡式口味，最大特色是烘烤得又香又脆，配上醃製多個小時、味道鮮美的豬排，實在是太美味了！加上這裡的豬扒包是限量發售，也只在指定時間供應，更突顯了它的特別。

隨著大利來記越來越受歡迎，已在多個地方設有分店，不只在氹仔才能品嘗到了。直至今日，它還是美味如昔，只可惜卻已大幅漲價，花 30 多澳門幣吃一個豬扒包，是否值得就見仁見智了。

地　　址	巴波沙總督街 18 號地下
交　　通	乘坐 11、15、22、28A、30、33、34 號公車，氹仔中葡小學站下車。
營業時間	12:00 ～ 18:30
官　　網	www.taileiloi.com.mo

路氹城區

　　想看看澳門急速發展的成果，想感受澳門最璀璨的一面，就一定要來路氹城區，這裡從前是路氹連貫公路，現在經過填海後，已搖身一變成為一顆燦爛的明珠——金光大道。此處集合了最新落成的豪華酒店，當然還有各酒店為遊客提供的豐富娛樂節目，集吃、玩、買於一身，即使不在這裡住宿，也一定要來看看。建議從銀河酒店出發，再把威尼斯人、新濠天地、新濠影匯、金沙城中心一網打盡！

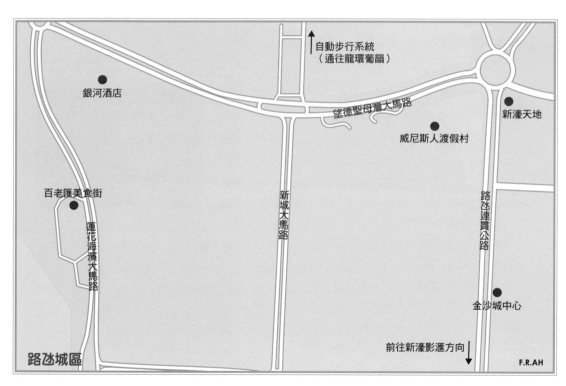

```
1 2 3
4 5      /
```

1 威尼斯人的外觀仿照威尼斯實景設計
2 威尼斯人酒店正門，原型就是威尼斯的總督府
3 威尼斯人酒店內部金碧輝煌
4 大運河購物中心，以聖馬可廣場為藍圖建造
5 可在酒店內的運河體驗乘坐貢多拉

猶如置身在威尼斯

威尼斯人度假村

地　　點	望德聖母灣大馬路路氹金光大道
交　　通	乘坐 15、21A、25、25X、26、26A 號公車，連貫公路／威尼斯人站下車。
官　　網	www.venetianmacao.com
建議遊玩時間	2 小時

　　高聳的塔樓、華麗的皇宮、古樸的嘆息橋、搖曳的貢多拉小船、如詩的義大利歌聲，這一切一切都會令人以為自己置身在義大利的威尼斯吧！有誰能想到原來正身處澳門呢？

　　沒錯，你的確是在澳門！但也可以說是在威尼斯！因為，你現在正身處澳門的威尼斯人度假村酒店。這裡無論是外觀還是內部裝潢，都是以真正的威尼斯為藍本，每個角落都充滿濃厚的義大利風情。酒店的大樓模仿了威尼斯皇宮的設計，再搭配宏偉的高塔和雷雅托橋，淋漓盡致地把水都重現於澳門。不只如此，酒店內還有一條仿聖馬可廣場設計的購物街，迂迴曲折如迷宮般的街道，四周都是義式風情的房屋，天花板呈美麗的幽藍色調，再加上幾條運河水道，還有在水道行駛的貢多拉船，偶爾更能遇到街頭藝人表演呢！置身其中，令人不禁產生錯覺，以為自己真的在水都漫遊呢！

　　酒店不僅有古典的外觀，還有種種齊備的設施，包括：美食廣場，為客人提供來自世界各地的料理；華麗的賭場，帶給人們全新的博彩體驗；巨大的表演館，時常都有著名歌手的演唱會上演，可說是集餐飲、娛樂、豪華住宿、會展、表演於一身。無論什麼時候來到，都是摩肩接踵、熱鬧非常。即使不在此住宿，也值得一遊。說它是全澳門人氣最旺、最具娛樂性的酒店，

一點也不為過！

除了威尼斯人之外，酒店的另一項目「巴黎人」正在興建，相信不久的將來，這裡的娛樂元素將會更為豐富，絕對值得期待！

震撼精采的水舞間表演

新濠天地

路氹城區的金光大道雲集了多間大型酒店，在威尼斯人的對面，就是另一間著名酒店——新濠天地。

對於酒店的住客而言，這裡齊集了三間世界級的酒店——皇冠度假酒店、澳門君悅酒店、澳門HARDROCK酒店，再加上各式餐廳，可以為住客提供奢華的極致享受。而對於不在此住宿的遊客而言，這裡也一樣精采！因為酒店為大家準備了很多遊客來澳門都指定觀看、花費 20 億港幣打造的表演——水舞間。

水舞間是世界知名的靈感設計大師 Franco Dragone 的得意之作，利用了頂尖科技，結合各種高難度表演，以容量 370 加侖的泳池為舞臺，再加上華麗的服裝和精妙的空間設計，打

新濠天地充滿時代感的設計，在金光大道的建築中十分搶眼

地　　點	路氹連貫公路（金光大道第四地段旁）
交　　通	從威尼斯人步行約 5 分鐘
官　　網	www.cityofdreamsmacau.com/tc
建議遊玩時間　1 小時	

造出刺激感官、震撼人心、氣勢萬鈞的水上表演。雖然門票不便宜，但非常值得觀賞，甚至有人形容，不看水舞間，是來澳門行程的一大遺憾！

除了水舞間之外，酒店還有其他娛樂性十足的項目，如 TABOO 誘惑之旅、虛擬水族館等，即使不在此住宿，也一定會愛上這裡！

大人、小孩都會盡興而歸

新濠影匯

好消息，另一座充滿各種娛樂元素的酒店——新濠影匯，於 2015 年 10 月 27 日開幕了！除了像新濠天地一樣，為旅客提供優質的餐飲和酒店住宿之外，此處的最大特色就是令人目不暇

1 2

1 新濠影匯的外觀氣勢磅礴
2 世界首創的 8 字形摩天輪

給的豐富娛樂節目！

　　這裡擁有六大精采節目——由世界著名的魔術大師 Franz Harary，為大家呈獻的世界級魔幻表演；通過尖端科技，集合了各種感觀刺激的 4D 影院，讓你經歷多個蝙蝠俠夜行飛馳的經典畫面，體驗與蝙蝠俠一起懲奸除惡、捉拿壞人的快感；由西班牙著名度假區 Ibaza 引入的夜店「派

地　　點	澳門路氹連貫公路
交　　通	乘　坐 15、21A、25、26、26A、MT4 號公車，蓮花圓形地 2 站下車。
官　　網	www.studiocity-macau.com/tc
建議遊玩時間	2 小時

馳」；讓你置身電視場景，體驗電視節目製作過程的 8 號轉播廳；為表演藝人提供舞臺，可用作多種演藝表演的新濠影匯綜藝館；還有可以讓孩子與喜愛角色進行 360 度接觸，透過互動設施為孩子帶來無盡歡樂的華納滿 FUN 童樂園。再加上全澳門最高、全球首創的 8 字形摩天輪，不論大人或小孩都能在此盡興而歸，都會為這裡而瘋狂！

與動畫人物相見歡

金沙城中心

　　金沙城中心不僅是一家酒店，還是個足以令大人和小孩都開心得跳起來的地方！因為這裡有風靡大人、小孩的豐富節目和活動。

　　4 ～ 17 歲的小孩都可以在歷險 Q 立方裡玩得不亦樂乎！這裡專門為孩子設計了益智又安全的各種有趣遊戲，讓孩子動手動腦，鍛鍊身手、靈活頭腦。例如大受歡迎的冒險彈力城堡，便可以讓小孩子蹦蹦跳跳得玩個夠；還有各種電子遊戲、手足球檯、氣勢球檯等，讓孩子在玩樂的過程中增加自信，非常有益身心。此處還能舉辦生日會和其他派對，讓孩子和朋友一起增加

互動，建立更深厚的情誼。

　　大人也可以在金沙城中心找到歡樂，如果是夢工場動畫人物的粉絲，這裡一定會是你的天堂。在此住宿的客人，都有機會可以和動畫明星一起享用早餐。就算並非酒店的住客，也可以參觀夢工場動畫人物的大巡遊，史瑞克、馬達加斯加的可愛動物、功夫熊貓等，都會一一現身，與舞

地　　點	路氹連貫公路
交　　通	乘坐 15、21A、25、26、26A 號公車，連貫公路／金沙城中心站下車。
官　　網	hk.sandscotaicentral.com
建議遊玩時間	1.5 小時

蹈員、高蹺藝人和木偶等載歌載舞，為大家帶來愉快難忘的美好時光！巡遊於每天下午 4 點上演，費用全免，絕對不容錯過喔！

 令人尖叫連連的水上樂園

銀河

　　對於喜歡水上活動的朋友來說，澳門未免有點乏味，海灘不多，水上樂園更是絕無僅有。不過，現在再不愁沒有玩水的地方啦！只要來到銀河酒店，就能在規模驚人的天浪淘園戲水，整個園區足足 75,000 平方公尺，擁有全球最長、達 575 公尺的空中激流，以及全球

地　　點	望德聖母灣大馬路
交　　通	乘坐 25、25X、26A、35、MT1、MT2、MT3、MT4 號公車，奧林匹克游泳館站下車。
官　　網	www.galaxymacau.com
建議遊玩時間	2 小時

最大的空中衝浪池，共有 350 公噸白沙的海灘，還有全澳門最大兒童水上遊樂區，光是聽到這些數字，就已讓人尖叫連連了！

　　來到這個樂園，喜歡刺激的朋友可以試試全澳門首個及唯一的衝天激流，有三條隱藏在石洞內、高達 9 公尺的大型滑梯等著你來挑戰！如果嫌這個不夠刺激，還可以進一步挑戰透明設

計的滑水天梯，肯定會帶來驚心動魄的特別體驗！如果是和孩子同遊，也有很有趣的玩意在等著大家！兒童艦艇、齊來泡泡派對、娛樂城堡、手工藝工作坊等。就算是想從事靜態活動的朋友，也能在悦榕庄的悦濤廊私人池畔小屋放鬆身心，享受拋開世俗塵囂，把所有煩惱都拋諸腦後的美好一天。

除了水上樂園之外，銀河酒店還有不少休閒娛樂設施，如 UA 銀河電影院、百老匯舞臺、水療中心等，更有多間餐廳提供美酒佳餚，光是在這裡就可以度過快樂的一天！

銀河酒店集各種娛樂於一身

一次吃遍多間著名食店
百老匯美食街

澳門向來是美食天堂，這裡有許多人氣很高的知名食店，只可惜這些名店都分布在澳門各區，要一次造訪實在不容易啊！不過別擔心，最近才開幕的百老匯美食街，就正好解決了這個難題，因為無須再浪費腳力走訪各區，

百老匯美食街上，處處都是著名的食店

只要在這條食街裡，就能品嘗到各種知名的澳門道地美食。

想試試異國風情，這裡有福龍葡國餐、加東星馬風味、千笹日本料理、牛牛小食的魚湯粉、韓式快線韓國料理；喜歡中國風味，則有巴山酸辣粉、度小月臺灣美食、上海南翔饅頭店、火宮殿湖南菜、來自香港的翠華茶餐廳；當然也少不了澳門的道地美食啦！皇冠小館水蟹粥、榮記豆腐、華生行涼茶燉品、新馬路成記粥品、梓記牛雜；再加上馳名的義順雙皮燉奶和杏香園的糖水甜品，選擇真是豐富極了！

地　　點	蓮花海濱大馬路
交　　通	乘坐 25、25X、26A、35、MT1、MT2、MT3、MT4 號公車，奧林匹克游泳館站下車。
官　　網	www.broadwaymacau.com.mo/zh-hant/the-broadway
建議遊玩時間	1 小時

路環

　　路環是澳門的最大離島。隨著澳門發展越來越急速，連氹仔都已變成另一種樣子了，路環可說是澳門的最後一塊淨土，這裡仍保留著純樸的小鎮和村落，還有美麗的海灘、可愛的郊野公園、古舊的船廠。此處居民的生活步調依舊那麼悠閒寫意！如果喜歡自然，喜歡純樸的生活，或是想暫時躲開都市煩囂，都很適合來到這兒散散心！建議以路環市區為中心，前往聖方濟各教堂、譚公廟、市區漫步、品嘗安德魯的葡撻，接著往郊野公園或海灘出發，跟大自然來個親密擁抱。

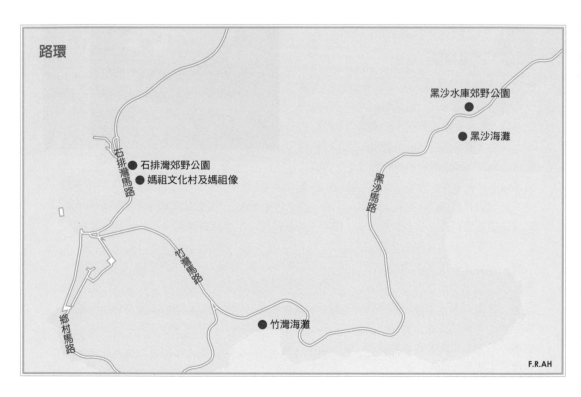

路環

石排灣馬路
石排灣郊野公園
媽祖文化村及媽祖像

黑沙水庫郊野公園
黑沙海灘
黑沙馬路

竹灣馬路

鄉村馬路

竹灣海灘

F.R.AH

123 ／ 1 來石排灣郊野公園，一定要到貓熊館探望可愛的「開開」和「心心」
2 可愛的環尾狐猴也很受歡迎　3 還可以觀賞到美麗優雅的火鶴

親親可愛的大貓熊

石排灣郊野公園

澳門並沒有動物園，動植物公園卻有兩座，一個是澳門半島的二龍喉公園，另一個就是位於路環的石排灣郊野公園。當中以後者的規模較大，很多居民都喜愛在假日和家人一起前來度過悠閒的時光。

郊野公園飼養了多種動物，其中最受歡迎的是中央政府贈與澳門的一對大貓熊——開開和心心，為了迎接牠們，澳門政府特別建立了大貓熊館，只要付 10 澳門幣，便可以探望可愛的大貓熊。而且還設有大貓熊資訊中心及禮品店，可以購買可愛的大貓熊精品玩偶。

地　　　點	澳門路環石排灣大馬路
交　　　通	乘坐 15、21A、25、26、26A、50 號公車，石排灣自然教育中心或石排灣郊野公園站下車。
開放時間	08:00 ～ 18:00
費　　　用	熊貓館 10 澳門幣，其他免費。
建議遊玩時間	45 分鐘

除了大貓熊之外，小貓熊也將成為這裡的貴賓！為了迎接這幾隻可愛的嬌客，小貓熊館也正在興建，不久小貓熊就能和大家見面了。

公園裡還有其他討人喜愛的動物，包括火鶴、長臂猿、環尾狐猴、梅花鹿等，這裡還會舉辦一些環保工作坊，讓大家在遊戲中學習到保護環境的重要性。對大自然有興趣的朋友，也可以到土地暨自然博物館參觀，這裡介紹了澳門的自然地理，展示昔日的農耕工具，還有動植物標本，藥用植物等，更有現在世上最大的種子標本之一，一粒來自塞舌爾群島的海底椰種子，相當珍貴。

傳統的媽祖文化
媽祖文化村及媽祖像

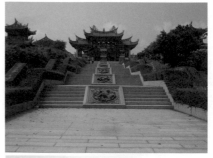

從前澳門以漁業為主，漁民都會敬拜媽祖，祈求出海平安，所以媽祖（又稱天后）在澳門人的信仰中有著非常重要的地位，也因此建造了不少供奉媽祖的寺廟，而除了媽閣廟之外，規模最大的要屬位在路環疊石塘山頂的媽祖文化村和媽祖像。

媽祖文化村占地 7,000 平方公尺，是具有濃厚閩南風格的建築群，建築主體有亭式山門、祭壇、大殿和梳妝樓，還有鐘樓、鼓樓、南北臺廡樓等。階梯中間的浮雕十分精緻，雕刻著雙麒麟、雙獅戲球、虎嘯圖、五鶴同喜、雙鳳朝牧丹、雙龍戲珠等吉祥圖案的花紋，美侖美奐，使整座建築群看起來不僅壯觀宏偉，而且典雅優美。

除了文化村之外，附近還有山頂公園，以及一尊巨大的媽祖像。

地　　　點	路環疊石塘山頂
交　　　通	每週日有免費接駁巴士，往來石排灣郊野公園及媽祖文化村。
開放時間	08:00 ～ 18:00
建議遊玩時間	45 分鐘

1 / 2
1 媽祖文化村的大門莊嚴宏偉
2 媽祖像佇立在疊石塘山頂，在路環多個地方都能看到

 如假包換的黑色海灘
黑沙海灘

澳門的海灘並不多，最著名的有黑沙和竹灣兩個海灘，其中以黑沙人氣較旺。正如其名，黑沙海灘的沙呈黑色，看上去就像一片黑黝黝的地毯，雖然不及很多海灘一樣水清沙細，卻別具一番風情。

黑沙海灘有綜合活動中心，很適合喜歡運動的朋友，設施包括網球場、排球場、小型高爾夫球場等，喜歡水上活動的朋友更可以玩玩風帆、水上摩托車等，活動豐富又多元化！

另外，如果有時間，不妨步行至海灘靠近盡頭處的威斯汀酒店。酒店的建築十分優雅，環境清幽恬靜，很有世外桃源的感覺。而在黑沙海灘入口有很多頗具水準的燒烤小吃，一陣陣香味十分誘人，而且價錢不貴，值得買來一嘗。

黑沙海灘的沙粒確實呈黑色喔！

地　　　點	路環南端
交　　　通	乘坐 15、21A、25、26A 號公車，黑沙海灘站下車。
建議遊玩時間	30 ～ 45 分鐘

彷彿置身歐洲一般
聖方濟各教堂

在天主教會中有三位聖方濟，而這座聖方濟各教堂是紀念傳教主保──聖方濟沙勿略。聖方濟在四百多年前和傳教士一起來到南中國海一帶傳教，並於 1552 年在澳門附近的一個小島逝世。這座教堂就是為了供奉這位重要的聖人而建，教堂裡有個銀色骨箱，原本盛載著聖人的手骸聖鐲，後來移往聖若瑟修院。

聖方濟各的祭壇採用柔和的藍色，彷彿天上的浮雲

教堂是座巴洛克式建築，矗立在路環充滿小鎮風情的民宅當中，歐式風格的小教堂格外有特色。教堂外觀以淺黃色為主調，配上形狀線條優美的藍色窗戶，看起來十分柔和美麗。教堂內主祭壇位置以宛如天空般的蔚藍為主，再配上白色如雲層般的圖案，構成非常祥和舒泰的氣氛，再加上教堂內播放著洗滌心靈的聖詩，令人頓感心情平和。

教堂是座以淡黃色為主的美麗建築

廣場上有座紀念 1910 年戰勝海盜的紀念碑

在教堂門外還有個充滿歐陸風情的小廣場，不少遊人都喜愛在這裡歇息，廣場上還有座紀念碑，是紀念 1910 年戰勝海盜而豎立。來到這裡不妨放慢腳步，感受一下輕鬆暢快的氣氛吧！

地　　點	路環計單奴街
交　　通	乘坐 15、21A、25、26、26A、50 號公車，路環市區站下車。
開放時間	10:00 ～ 17:00
建議遊玩時間	30 分鐘

環境清幽的美麗海灘

竹灣海灘

對比起黑沙海灘，竹灣海灘地理位置較為偏僻，面積較小，遊人也較少，但這反而造就了清幽的環境。若是想享受一個寧靜的假日，這裡會是比黑沙海灘更好的選擇。

竹灣海灘水清沙細，四周是優雅的酒店和別墅，酒店裡還有水準很高的餐廳。先在沙灘踏浪漫步，享受陽光，走得累了就到著名的義大利餐廳用餐，十分悠閒寫意。

如果想在竹灣海灘游泳，可以選擇泳池或海灘。但在海灘游泳的朋友需要注意，因為這裡的地形較為複雜，過去曾發生溺水事件，游泳時請先視察環境，注意安全。

竹灣海灘地方不大，但環境十分優美

地　　點	路環南端
交　　通	乘坐 15、21A、25、26A 號公車，竹灣海灘站下車。
建議遊玩時間	45 分鐘

多姿多采的戶外活動中心

黑沙水庫郊野公園

　　去過黑沙海灘遊玩後，如果還有時間，很推薦順道至附近的黑沙水庫郊野公園玩玩。這裡的位置較偏僻，但也更幽靜舒適，置身其中，可以完全遠離煩囂，好好享受寧靜的感覺。

　　此處有各種遊玩設施，若喜歡水上活動，可以玩玩腳踏船；若喜歡運動，可以到籃球場和羽毛球場打打球；若喜歡特別的活動，這裡還有個澳門較少見的滑草場；若想從事靜態一點的活動，也可以環繞著步行徑散散步，或是到露天茶座休息一下。更棒的是，這裡還設有露營和燒烤場地，可以跟家人朋友一起享受戶外休閒的樂趣！

地　　點	黑沙海灘以北的山谷
交　　通	乘坐 15 號公車，黑沙水庫站下車。
開放時間	09:00 ～ 18:00
建議遊玩時間	45 分鐘

1／2

1 黑沙水庫郊野公園的步行小徑，十分適合全家前來享受郊遊的樂趣

2 美麗的小湖可以洗滌心靈，宛如置身世外桃源一般

 路環最具代表性的廟宇

譚公廟

在聖方濟各教堂附近，有座小巧的廟宇，那就是供奉譚先聖的古廟——譚公廟。廟宇是座富有中國傳統廟宇特色的紅色建築，周邊環境清幽，給人祥和的感覺。

地　　點	路環十月初五街
交　　通	乘坐 15、21A、25、26、26A、50 號公車，路環市區站下車。
開放時間	08:30 ～ 17:30
建議遊玩時間	15 分鐘

這座廟宇於清同治年間建成，是路環香火最鼎盛的廟宇。走進廟裡，會發現廟中展示著一艘龍舟，是以鯨骨製成，具有百年以上的歷史。

譚公廟是路環香火最鼎盛的廟宇

不吃會後悔的美食
安德魯葡撻

來到澳門，除了豬扒包之外，當然要嘗嘗這裡最著名的特色美食——葡撻。葡撻當然是來自葡國，但自從英國人安德魯把葡國的美味蛋撻帶回澳門，大受歡迎、風靡全澳門後，就成為最能代表澳門的美食。對比葡國的蛋撻，澳門葡撻的甜度較低，較符合東方人的口味。在澳門有不少葡撻店，但論人氣最旺、遊客來澳門非試不可的，當然是這間葡撻的鼻祖店啦！

安德魯的葡撻全都是精心製作，用料和製作過程的要求都十分嚴謹，務求把每一個葡撻都做得完美，製作出來的葡撻全都是新鮮出爐，香噴噴又熱騰騰。葡撻的酥皮香脆，而帶著一層焦糖的雞蛋口感滑溜，

來到路環不品嘗安德魯葡撻，等於白來了

香味瀰漫口中，真是非常可口！難怪很多臺灣人要把它帶回臺灣跟親友分享。

除了葡撻之外，這裡還有多款其他美食，例如蘋果派、各式蛋糕等，當中最推薦的便是三明治，分為普通三明治、中東包、義大利包三種，可以搭配不同餡料，如沙律蛋、吞拿魚、芒果雞、腸仔蛋等，再加上甘荀絲、玉米粒等蔬菜，價錢不貴，分量又足，味道也很好，十分推薦一嘗！

總店		氹仔分店		威尼斯人分店	
地　　址	路環市中心撻沙街1號地下	地　　點	氹仔徐日昇寅公馬路	地　　址	澳門威尼斯人大運河購物中心3樓2119號A鋪
交　　通	乘坐 15、21A、25、26、26A、50號公車，路環市區站下車。	交　　通	乘坐11號公車，旅遊學院氹仔校區站下車。	交　　通	乘坐 15、21A、25、25X、26A號公車，連貫公路／威尼斯人站下車。

那就決定
去澳門旅行吧

行前準備

 護照及簽證

　　持有臺灣護照和香港居民身分證人士可以直接入境澳門，不需要任何簽證，持臺灣護照人士可停留 30 天，持香港永久性居民身分證或回港證可停留一年。

 機票

　　現在往來澳門和臺灣有多家航空公司，包括：

臺北→澳門	
長榮航空	www.evaair.com
虎航	www.tigerair.com/tw/zh
復興航空	www.tna.com.tw
澳門航空	www.airmacau.com.mo
臺中→澳門	
立榮航空	www.uniair.com.tw
復興航空	www.tna.com.tw
高雄→澳門	
長榮航空	www.evaair.com
復興航空	www.tna.com.tw
澳門航空	www.airmacau.com.mo

可到旅行社或自行上網訂購機票，如需比價，請參考以下網站：：

ZUJI	www.zuji.com
背包客棧便宜機票比價	www.backpackers.com.tw/forum/airfare.php
EXPEDIA	www.expedia.com.hk/flights-HK
SKYSCANNER	www.skyscanner.com.tw

 出境及入境

　　澳門設有幾個出入境口岸，主要分布在澳門半島及氹仔，共有一個機場、兩個碼頭，以及兩個陸路出入境大樓。

澳門國際機場

簡介：澳門的唯一機場，位於氹仔，往來臺灣和澳門的飛機都會在此降落。1 樓為入境大堂，2 樓為出境大堂，3 樓為餐廳。

設施：機場裡有幾家餐廳和咖啡店，包括麥當勞，但價錢略貴。在 2 樓出境大堂有便利商店，在 1 樓入境大堂有各航空公司的櫃檯。機場對面有家酒店，只需步行約 10 分鐘便能到達。

交通：

- 公車——公車站設在機場出口，經過的公車路線包括：
  前往北區：AP1
  前往亞馬喇前地（可在此轉車往其他地區）：MT1、MT2
  前往內港及筷子基一帶：26
- 計程車——在機場很容易就能叫到計程車，從機場搭計程車到葡京酒店約需 100 澳門幣。
- 酒店接駁車——免費搭乘，但只會前往部分酒店。

關閘

簡介：連接澳門和珠海，是澳門前往中國內地的主要出入口，位於澳門北區。

交通：關閘有多路公車，可在地下總站乘坐。可搭的公車線路包括：
　　　　前往議事亭前地：3、3A、5、10
　　　　前往新口岸：5、10X、10B
　　　　前往內港：3、16

前往高士德一帶：9、9A、17

前往西灣或旅遊塔：9、9A、18

前往冰仔：28C、30、34、AP1

前往路環：25

港澳碼頭（又名外港碼頭）

簡介：來往香港和澳門，以及內地和澳門的船班大多會停泊這裡，噴射飛航的船隻大多在此停泊。交通比冰仔碼頭方便。

設施：碼頭頂樓設有餐廳。

交通：前往議事亭前地：3、3A、10、10A

前往內港：3

前往關閘：3、10、10B

前往新口岸：1A、3、3A、10、10A

前往旅遊塔：32

前往高士德一帶：12

冰仔客運碼頭

簡介：金光飛航的船隻大多在此停泊，公車路線不多，交通並不方便。

交通：前往內港：26

前往北區：AP1

前往亞馬喇前地（可在此轉車往其他地區）：MT1、MT2

前往冰仔：36

路冰邊檢大樓

簡介：連接路環及橫琴，公車較少，交通不太方便。

交通：前往冰仔：MT4

前往路環：15、21A、25、26、50（路環及黑沙方向）

前往議事亭前地：21A、26A（媽閣及筷子基北灣方向）

前往高士德一帶：25（關閘方向）

前往內港一帶：26（筷子基北灣方向）

關於澳門的交通

澳門地方較小,並沒有地鐵,而輕軌正在興建中,因此市內交通以公車和計程車為主。另外還有一種好康的交通工具,就是酒店和賭場都提供往來各口岸(包括機場、碼頭及關閘)的免費接駁車。只要能好好利用這三種交通工具,在澳門遊玩就沒有難度啦!

 ## 公車

澳門的公車路線很多,班次也算密集,平均 10～15 分鐘一班,但因為塞車嚴重,班次有時會延誤,乘車的人也很多,所以車上乘客擁擠。不過最大的好處是,比起其他城市,澳門的公車費用較便宜,而且如果使用澳門通,還可以享受車費優惠和免費轉乘!

車資

路線	單程及循環線票價
澳門半島內	3.2 澳門幣
氹仔區內,包括氹仔市區往來機場	2.8 澳門幣
路環區內,包括路環市區往來黑沙海灘	2.8 澳門幣
澳門半島往來氹仔	4.2 澳門幣
澳門半島往來路環	5 澳門幣
澳門半島往來路環黑沙海灘	6.4 澳門幣
氹仔往路環市區	3.2 澳門幣
氹仔往路環黑沙海灘或九澳	3.6 澳門幣

(資料來源:澳門交通事務局)

澳門的公車站

如何搭車

· **上車**:在公車站有清楚的路線牌,乘客必須先看清楚,有車來到時,只要招手示意便可。上車時如使用錢幣,請將零錢投入錢箱(不找零);如使用澳門通,則請在卡機過機,聽到「嘟」一聲代表付款成功。

．**下車**：公車上有 LED 看板，會顯示每站名稱，並有粵語、英語、葡語、普通話四種語言廣播，下車時請提早按下車鈴示意（公車柱子上紅色的按鈕）。

優惠

1. 使用澳門通（相當於臺灣的悠遊卡或香港的八達通）可享車費優惠，澳門半島只需 2 澳門幣，節省 1.2 澳門幣；氹仔只需要 2.5 澳門幣，節省 1.7 澳門幣。
2. 使用澳門通，在 1 小時內可享免費轉乘服務，唯乘坐離島車線必須補付差額。

如何在深夜搭車

澳門公車設有 N1A、N1B、N2、N3、N4 五條路線，會在深夜行駛。

如何查詢公車線路

可以上網輕鬆查詢各公車路線。需要注意的是，澳門的公車來回程路線不一樣。

澳門公共巴士資訊站：www.dsat.gov.mo/bus/tc/bus_ptp.aspx

至於如何搭公車前往各大景點，請參閱「澳門主要景點公共交通列表」（P198~201）。

 # 計程車

在澳門坐計程車，若是在各口岸的話，很容易攔到計程車，在市內大型旅遊點也有計程車站，但其他地方能攔到的機會較少，因為澳門的大多數景點都可以坐公車或走路直達，需要坐計程車的機會並不多。

計程車收費表

收費	
前 1,600 公尺	17 澳門幣
跳錶（260 公尺）	2 澳門幣
應乘客要求或在行車過程中所需的停車等候時間（每分鐘）	2 澳門幣
放置在行李箱之行李（每件）	3 澳門幣

附加費	
由氹仔往路環	2 澳門幣
由澳門往路環	5 澳門幣
於澳門國際機場的士候客區乘車	5 澳門幣

（資料來源：澳門交通事務局）

 ## 免費接駁車

　　往來各大賭場、酒店及各口岸設有免費接駁車（又稱發財巴），只要善於利用，可以節省不少交通費用。

乘坐免費接駁車注意事項

1. 接駁車只會往來賭場及口岸，並不會直接到達景點。
2. 有些接駁車只有酒店住客或光顧賭場才能乘坐。
3. 由於有些接駁車是前往賭場，未成年人士不能乘坐。
4. 乘坐人數很多，時常大排長龍，需要預留時間等車。
5. 為避免市區交通過於擁擠，政府推行削減免費接駁車，所以許多路線都已取消，其他路線也在不斷變化，資料以酒店及賭場官網公布為準。

各接駁車能到達的地區及景點

酒店接駁車	區域及景點
葡京及新葡京、永利、美高梅、星際	新口岸葡京、永利、美高梅一帶
十六浦	新馬路、議事亭前地、福隆新街、內港 16 號碼頭一帶
利澳、皇家金堡	金蓮花廣場、大賽車博物館、葡萄酒博物館
巴比倫	漁人碼頭
新濠天地、銀河、威尼斯人、金沙城中心	金光大道一帶
英皇娛樂	新八佰伴、南灣、西灣一帶
皇都酒店	荷蘭園一帶、東望洋燈塔、炮臺及聖母雪地殿（需要走上坡路）

澳門主要景點公共交通列表

使用方法：在列表上方第一行（黃色方格）找出你的出發地（如議事亭前地及大三巴），然後往下找尋，並按左方的第一欄（綠色方格）找出你的目的地（如媽閣、鄭家大屋、港務局，亞婆井及主教山），便能查到要乘坐的公車（在新馬路站坐 2、5、11 號公車，媽閣廟站下車）。

目的地＼出發地	聖方濟教堂、安德魯餅店及路環市中心	威尼斯人、新濠天地及金沙城中心	官也街及龍環葡韻	漁人碼頭、澳門科學館、金沙、金蓮花廣場及賽車博物館	葡京、永利、星際及美高梅	二龍喉公園及松山燈塔	福隆新街及崗頂	澳門旅遊塔	媽閣、鄭家大屋、港務局、亞婆井及主教山	議事亭前地及大三巴
議事亭前地及大三巴	在路環市區站坐21A、金碧文娛中心站下車，或26A公車，新馬路站下車	在連貫貴路/威尼斯人站坐26A公車，新馬路站下車	在氹仔官也街站坐11、33號公車，新馬路站下車	在孫逸仙大馬路/漁人碼頭坐3A號公車，金碧文娛中心下車，步行約5分鐘	在亞馬喇前地站坐11、33、21A、26A公車/新馬路站下車，或步行約15分鐘	在二龍喉公園站坐18A、19公車/新馬路站下車	步行約5分鐘	在澳門旅遊塔站坐32號公車，亞馬喇前地下車，再步行約10分鐘	在媽閣廟前地坐2、5號公車/新馬路/大街站下車	
媽閣、鄭家大屋、港務局、亞婆井及主教山	在路環市區坐26號公車，媽閣廟前地站下車	在連貫貴路/威尼斯人站坐26號公車，媽閣廟前地站下車	在氹仔官也街站坐11號公車，媽閣廟站下車	在旅遊活動中心站坐28B公車，媽閣廟前地站下車	在亞馬喇前地站坐9號公車，媽閣廟上街站下車，再步行約5分鐘	在二龍喉公園站坐2號公車，媽閣廟站下車	在金碧文娛中心坐2、5號公車，媽閣廟站下車	在澳門旅遊塔站坐18號公車，媽閣廟站下車		在新馬路站坐2、5、11號公車/媽閣廟站下車
澳門旅遊塔	在路環市區坐26號公車，澳門旅遊塔站下車	在連貫貴路/威尼斯人站坐26號公車，澳門旅遊塔站下車	在運動場道坐MT4公車，澳門旅遊塔站下車	在旅遊活動中心站坐23、32號公車，澳門旅遊塔站下車	在亞馬喇前地站坐23、32公車（澳門旅遊塔方向）澳門旅遊塔站下車	在二龍喉公園站坐18、23號公車，澳門旅遊塔站下車	在金碧文娛中心坐2、5號公車，媽閣廟站下車，轉乘26、MT4公車，旅遊塔隧道站下車		在媽閣廟站坐26、MT4公車/旅遊塔隧道站下車	在新馬路/營地大街站坐3、3A、10、10A公車/媽閣廟前地站下車，轉乘9A、23、32公車，澳門旅遊塔站下車
福隆新街及崗頂	在路環市區站坐21A、金碧文娛中心站下車，或26A公車，新馬路站下車	在連貫貴路/威尼斯人站坐26A公車，新馬路站下車	在氹仔官也街站坐11、33號公車，新馬路站下車	在孫逸仙大馬路/漁人碼頭坐3A號公車，金碧文娛中心下車	在亞馬喇前地站坐11、33、21A、26A公車/新馬路站下車，或步行約20分鐘	在二龍喉公園站坐2號公車，金碧文娛中心站下車		在澳門旅遊塔站坐32號公車，亞馬喇前地下車，再步行約15分鐘	在媽閣廟前地坐2、5號公車/新馬路/大街站下車	步行約5分鐘

目的地＼出發地	議事亭前地及大三巴	媽閣、鄭家大屋、港務局、亞婆井及主教山	澳門旅遊塔	福隆新街及崗頂	二龍喉公園及松山燈塔	葡京、永利、星際及美高梅	漁人碼頭、澳門科學館、金沙、金蓮花廣場及賽車博物館	官也街及龍環葡韻	威尼斯人、新濠天地及金沙城中心	聖方濟教堂、安德魯餅店及盧廉若公園
二龍喉公園及松山燈塔	在新馬路／營地大街站坐2、5號公車，盧廉若公園站下車，再行約10分鐘	在媽閣廟前地站坐2、5號公車，盧廉若公園站下車，再步行約10分鐘	在澳門旅遊塔站坐32號公車，二龍喉公園站下車	在新馬路／營地大街站坐2、5號公車，盧廉若公園站下車，再步行約10分鐘		在亞馬喇前地站坐32號公車（筷子基方向），二龍喉公園站下車	在孫逸仙大馬路坐12號公車，盧廉若公園站下車，再行約10分鐘	在氹仔官也街站坐22號公車，盧廉若公園站下車，再行約10分鐘	在連貫公路／威尼斯人站坐25、25X、21A、26A公車，盧廉若公園站下車，再步行約10分鐘	在路環市區站坐25號公車，盧廉若公園站下車，再行約10分鐘
葡京、永利、星際及美高梅	在新馬路／營地大街站坐3A、10、10A公車，亞馬喇前地站下車，或步行約15分鐘	在媽閣廟前地站坐9號公車，葡京站下車	在澳門旅遊站坐9A、23、32號公車，亞馬喇前地站下車	在新馬路／營地大街站坐3A、10、10A公車，亞馬喇前地站下車	在二龍喉公園站坐2A號公車，亞馬喇前地站下車		在孫逸仙大馬路坐3A公車，亞馬喇前地站下車	在氹仔官也街站坐11、22、33號公車，亞馬喇前地站下車	在連貫公路／威尼斯人站坐25、25X、21A、26A公車，亞馬喇前地站下車	在路環市區站坐21A、25、26A公車，亞馬喇前地站下車
漁人碼頭、澳門科學館、金沙、金蓮花廣場及賽車博物館	在新馬路／營地大街站坐3A、10A公車，孫逸仙大馬路／金沙站下車	在媽閣廟前地站坐10A公車，孫逸仙大馬路／金沙站下車	在澳門旅遊站坐32號公車／高美士／馬六甲街停車場站下車，再步行約10分鐘	在新馬路／營地大街站坐3A、10A公車，孫逸仙大馬路／金沙站下車	在二龍喉公園站坐12號公車，孫逸仙大馬路／金沙站下車	在亞馬喇前地站坐3A（外港碼頭方向）、10A（外港碼頭方向）公車，孫逸仙大馬路／金沙站下車		在氹仔官也街站坐28A公車，高美士／馬六甲街停車場站下車，再步行約10分鐘	在連貫公路／威尼斯人站坐25、25X、21A、26A公車，馬喇前地下車，轉乘3A、10A公車，孫逸仙大馬路／金沙站下車	在路環市區站坐21A、25、26A公車，亞馬喇前地下車，轉乘3A、10A公車，孫逸仙大馬路／金沙站下車

出發地＼目的地	議事亭前地及大三巴	媽閣、鄭家大屋、港務局及亞婆井及主教山	澳門旅遊塔	福隆新街及崗頂	二龍喉公園及松山燈塔	葡京、永利、星際及美高梅	漁人碼頭、澳門科學館、金沙、金蓮花廣場及賽車博物館	官也街及龍環葡韻	威尼斯人、新濠天地及金沙城中心	聖方濟教堂、安德魯餅店及環市中心
官也街及龍環葡韻	在新馬路大／營地街站坐11、33號公車／氹仔官也街站下車	在媽閣廟前地站坐11號公車／氹仔官也街站下車	在旅遊塔／行車隧道坐MT4公車，望德聖母灣馬路／軍營站下車，使用自動步行系統，步行15分鐘	在新馬路大／營地街站坐11、33號公車／氹仔官也街站下車	在二龍喉公園站坐22號公車／氹仔官也街站下車	在亞馬喇前地站坐11、22、33號公車／氹仔官也街站下車	在旅遊活動中心站坐28A公車／官也街站下車		使用自動步行系統，約20分鐘	在路環市區站坐21A、25、26A公車，亞利雅架前地站下車，再步行約20分鐘
威尼斯人、新濠天地及金沙城中心	在新馬路大／營地街站坐26A公車，連貫公路／新濠天地站下車	在媽閣廟站坐26號公車，連貫公路／新濠天地站下車	在旅遊塔／行車隧道坐26號公車，連貫公路／新濠天地站下車	在新馬路大／營地街站坐21A、26A公車，連貫公路／新濠天地站下車	在二龍喉公園站坐25公車，連貫公路／新濠天地站下車	在亞馬喇前地站坐21A、25、25X、26A公車，連貫公路／新濠天地站下車	在孫逸仙大馬路／漁人碼頭坐3A公車，亞馬喇前地站下車，轉乘21A、25、25X、26A公車，連貫公路／新濠天地站下車	在澳門運動場坐25、25X、26A公車，連貫公路／新濠天地站下車		在路環市區站坐21A、25、26A公車，連貫公路／威尼斯人站下車
聖方濟教堂、安德魯餅店及環市中心	在新馬路大／營地街站坐21A或26A公車，路環市區站下車	在媽閣廟站坐26號公車，路環市區站下車	在旅遊塔／行車隧道坐26號公車，路環市區站下車	在新馬路大／營地街站坐21A、26A公車，路環市區站下車	在二龍喉公園站坐25公車，路環市區站下車	在亞馬喇前地站坐21A、25、26A公車，路環市區站下車	在孫逸仙大馬路／漁人碼頭坐3A公車，亞馬喇前地站下車，轉乘21A、25、26A公車，路環市區站下車	在澳門運動場坐25、26A公車，路環市區站下車	在連貫公路／新濠天地站坐21A、25、26、26A公車，路環市區站下車	

澳門住宿

　　澳門的酒店大多集中在路氹星光大道、新口岸及新馬路內港一帶，大家可以按照各自需求，選擇適合自己的住宿。另外需要注意的是，澳門並沒有民宿，只有賓館、別墅、公寓、旅館和酒店，所有聲稱是民宿者都是非法的！

 ## 各區酒店特色

地區	優點	缺點
路氹星光大道	酒店設施完善豪華	1. 前往澳門半島景點需要坐約 1 小時公車。 2. 房價較貴
新口岸	1. 交通方便 2. 房價適中	附近賭場較多
新馬路及內港	1. 交通方便，尤其是前往中區景點，可以徒步到達。 2. 價錢較便宜	設施較簡單

 ## 澳門的經濟酒店／旅館

澳門之家
地址：澳門群興新街 4 號 3 樓
房價：雙人房約 1,600 臺幣起

嘉明別墅
地址：澳門新坳頭街金豪大廈 7 號 2、3 樓
房價：雙人房約 1,600 臺幣起
官網：unghotel.com/reservation/aku

濠江酒店
地址：澳門道德巷 1 號
房價：雙人房約 1,900 臺幣起

5 步廊旅舍十六浦
地址：澳門新商貿街 9 號
房價：雙人房約 2,100 臺幣起

亞洲精品旅館
地址：氹仔告利雅施利華街 23 號及鄰近告利雅施利華街之土地
房價：雙人房約 2,100 臺幣起

澳門澳萊英京酒店
地址：澳門司打口 4-6 號
房價：雙人房約 2,270 臺幣起
官網：www.olelondonhotel.com

萬事發酒店

地址：澳門火船頭街 162 號

房價：雙人房約 2,400 臺幣起

官網：www.kimpton-inns.com/hotel-Macau-
Masters-Hotel-803964.html

澳萊大三元酒店

地址：澳門福隆新街（白眼塘橫街）43-45
號

房價：雙人房約 2,480 臺幣起

官網：www. oletaisamunhotel.com

鎮興酒店

地址：澳門板樟堂哪吒廟斜巷 6-6A 號

房價：雙人房約 2,510 臺幣起

利澳酒店

地址：澳門新口岸高美士街 33 號

房價：雙人房約 2,700 臺幣起

官網：www.riomacau.com

澳門新新酒店

地址：澳門司打口 14-16 號

房價：雙人房約 2,800 臺幣起

官網：www.bestwestern.com

東望洋酒店

地址：澳門松山馬路 1-5 號

房價：雙人房約 2,800 臺幣起

官網：www. www.hotelguiamacau.com

澳門富華粵海酒店

地址：澳門俾利喇街 98-102 號

房價：雙人房約 2,900 臺幣起

官網：www.gdhhotels.com

澳門的中價酒店

皇庭海景酒店

地址：氹仔南部路氹填海區

房價：雙人房約 3,200 臺幣起

官網：www.pousadamarinainfante.com/index_
c.htm

京都酒店

地址：南灣大馬路 493-501 號

房價：雙人房約 3,300 臺幣起

官網：www. greenholiday.com.sg/mcu/
metropole/index.html

皇都酒店

地址：澳門得勝馬路 2-4 號

房價：雙人房約 3,300 臺幣起

官網：www.hotelroyal.com.mo/indexc.php

君怡酒店

地址：氹仔柯維納馬路 142 號

房價：雙人房約 3,350 臺幣起

官網：www.grandview-hotel.com/chinese

澳門的豪華酒店

澳門金沙城中心酒店
地址：路氹星光大道
房價：雙人房約 3,500 臺幣起
官網：www.sandscotaicentral.com

澳門十六浦索菲特酒店
地址：巴素打爾古街
房價：雙人房約 3,600 臺幣起
官網：www.sofitel.com

百老匯酒店
地址：氹仔蓮花海濱大馬路
房價：雙人房約 3,700 臺幣起
官網：www.broadwaymacau.com.mo/zh-hant/
　　　macau-broadway-hotel

澳門假日酒店
地址：澳門新口岸北京街 82-86 號
房價：雙人房約 3,800 臺幣起
官網：www.ihg.com

富豪酒店
地址：羅理基博士大馬路 70-106 號
房價：雙人房約 3,800 臺幣起
官網：www.beverlyplaza.com.mo

澳門喜來登金沙城中心酒店
地址：路氹連貫公路
房價：雙人房約 4,000 臺幣起
官網：www.sheratonmacao.com

皇家金堡酒店
地址：羅理基博士大馬路 1118 號
房價：雙人房約 4,100 臺幣起
官網：www.casarealhotel.com.mo/b5

新濠天地 HARD ROCK 酒店
地址：路氹連貫公路
房價：雙人房約 4,200 臺幣起
官網：www.hardrockhotelmacau.com

澳門銀河酒店
地址：路氹城澳門銀河綜合度假城
房價：雙人房約 4,400 臺幣起
官網：www.galaxymacau.com

澳門大倉酒店
地址：路氹城區銀河度假城內
房價：雙人房約 4,700 臺幣起
官網：www.hotelokuramacau.com/zh-hant

英皇娛樂酒店
地址：澳門商業大馬路 288 號
房價：雙人房約 5,100 臺幣起
官網：www.grandemperor.com

澳門星際酒店
地址：澳門友誼大馬路
房價：雙人房約 5,800 臺幣起
官網：www.starworldmacau.com

澳門美高梅

地址：澳門填海區孫逸仙大馬路

房價：雙人房約 8,100 起

官網：www.mgmmacau.com/zh-hant

澳門新濠天地皇冠度假酒店

地址：路氹連貫公路

房價：雙人房約 8,500 臺幣起

官網：www.cityofdreamsmacau.com/tc

澳門四季酒店

地址：氹仔望德聖母灣大馬路

房價：雙人房約 8,600 臺幣起

官網：www.fourseasons.com/macau

澳門悅榕庄

地址：路氹金光大道

房價：雙人房約 9,300 起

官網：www. banyantree.com/en/cn-china-macau

澳門文華東方酒店

地址：澳門填海區孫逸仙大馬路

房價：雙人房約 10,000 臺幣起

官網：www.mandarinoriental.com.hk/macau

聖地牙哥酒店

地址：澳門西灣民國大馬路

房價：雙人房約 10,800 臺幣起

官網：www.saotiago.com.mo/-zh_hk

國家圖書館出版品預行編目資料

澳門人的口袋地圖 / 梁詠怡文；梁匡民攝影 .
-- 初版 . --
臺北市：華成圖書，2016. 03
　面；　　公分 . --（自主行系列；B6179）
ISBN 978-986-192-274-4（平裝）

1. 自助旅行 2. 澳門特別行政區

673. 969　　　　　　　　　　　104028849

自主行系列　　B6179

澳門人的口袋地圖

作　　　者／梁詠怡・梁匡民

出版發行／ 華杏出版機構
　　　　　華成圖書出版股份有限公司
　　　　　www.far-reaching.com.tw
　　　　　11493 台北市內湖區洲子街 72 號 5 樓（愛丁堡科技中心）
　　　　　戶　　名 華成圖書出版股份有限公司
　　　　　郵政劃撥 19590886
　　　　　e-mail　huacheng@farseeing.com.tw
　　　　　電　　話　02-27975050
　　　　　傳　　真　02-87972007
　　　　　華杏網址　www.farseeing.com.tw
　　　　　e-mail fars@ms6.hinet.net
　　　　　華成創辦人　　郭麗群
　　　　　發　行　人　　蕭聿雯
　　　　　總　經　理　　熊芸
　　　　　法 律 顧 問　　蕭雄淋・陳淑貞

　　　　　總　編　輯　　周慧琍
　　　　　企 劃 主 編　　蔡承恩
　　　　　企 劃 編 輯　　林逸叡
　　　　　執 行 編 輯　　張靜怡
　　　　　美 術 設 計　　林亞楠
　　　　　印 務 專 員　　何麗英

定　　　價／以封底定價為準
出 版 印 刷／2016年3月初版1刷

總　經　銷／知己圖書股份有限公司
　　　　　　台中市工業區30路1號　　電話　04-23595819　　傳真　04-23597123

☺讀者回函卡

謝謝您購買此書，為了加強對讀者的服務，請詳細填寫本回函卡，寄回給我們（免貼郵票）或 E-mail至huacheng@farseeing.com.tw給予建議，您即可不定期收到本公司的出版訊息！

您所購買的書名/_____ 購買書店名/_____

您的姓名/_____ 聯絡電話/_____

您的性別/□男 □女　　您的生日/西元_____年____月____日

您的通訊地址/□□□□□_____

您的電子郵件信箱/_____

您的職業/□學生 □軍公教 □金融 □服務 □資訊 □製造 □自由 □傳播
　　　　　□農漁牧 □家管 □退休 □其他

您的學歷/□國中（含以下） □高中（職） □大學（大專） □研究所（含以上）

您從何處得知本書訊息/（可複選）

□書店 □網路 □報紙 □雜誌 □電視 □廣播 □他人推薦 □其他

您經常的購書習慣/（可複選）

□書店購買 □網路購書 □傳真訂購 □郵政劃撥 □其他_____

您覺得本書價格/□合理 □偏高 □便宜

您對本書的評價（請填代號/ 1. 非常滿意 2. 滿意 3. 尚可 4. 不滿意 5. 非常不滿意）

封面設計_____ 版面編排_____ 書名_____ 內容_____ 文筆_____

您對於讀完本書後感到/□收穫很大 □有點小收穫 □沒有收穫

您會推薦本書給別人嗎/□會 □不會 □不一定

您希望閱讀到什麼類型的書籍/_____

您對本書及我們的建議/

華杏出版機構

華成圖書出版股份有限公司　收

11493 台北市內湖區洲子街 72 號 5F（愛丁堡科技中心）
TEL/02-27975050

（沿線剪下）

（對折黏貼後，即可直接郵寄）

😊 本公司為求提升品質特別設計這份「讀者回函卡」，懇請惠予意見，幫助我們更上一層樓。感謝您的支持與愛護！

www.far-reaching.com.tw　　請將　B6179　「讀者回函卡」寄回或傳真 (02) 8797–2007